Wege zum richtigen Pendeln

Ingrid Kraaz von Rohr

Wege zum richtigen Pendeln

Praxisbezogene Anleitung

Urania

4., erweiterte Auflage: 2003

ISBN 3-908654-20-3

Unter Mitarbeit von: Dr. Andreas Gößling, München
Umschlag: Oliver Aumann, Kreativ Design, Wiesbaden
Illustrationen: Maria Eggebrecht, Freiburg
Abb. 27, 28, 31 mit freundlicher Genehmigung des Verlags «Die Silberschnur», Neuwied
Satz: GBS, Lyss/Schweiz
Druck: Fuldaer Verlagsagentur, Fulda
Printed in Germany

Inhalt

Warum ein Pendelbuch mit Pendelkarten für die Frau und für den Mann?

Über das Pendeln gibt es bereits viele Bücher – von der einfachen Gebrauchsanleitung über Darstellungen spiritistischen Pendelns bis hin zu wissenschaftlichen Untersuchungen. Warum sollte man also noch ein weiteres Buch zu dem Thema schreiben?

Die Antwort lautet einfach: Weil es ein Pendelbuch, das sich speziell an Männer oder Frauen richtet und auf deren eigene Fragen eingeht, noch nicht gibt. Meine Erfahrungen mit Patienten in meiner naturheilkundlichen Praxis sowie in Seminaren, die ich zu Fragen der Komplementär-Medizin sowie zu therapeutischen Bereichen leite, haben deutlich gemacht, dass für viele Frauen/Männer das Bedürfnis besteht, sich von der unseren Alltag beherrschenden Denkweise zu lösen. Nicht wenige Frauen/Männer sehnen sich danach, sich zusätzlich zum Rationalen auch von den vielfältigen Kräften der Natur leiten zu lassen. Hierzu gehören besonders die feinstofflichen Schwingungen unterbewusster Energien. Vielen Menschen ist der Zugang zu ihrem inneren verborgenen Wissen verloren gegangen, besonders Männer begeben sich unter die Vorherrschaft technisch-rationalen Denkens, aus dem die Weisheit unseres siebten Sinns verdrängt worden ist, wobei gerade Frauen unter diesem Verlust leiden. Um gesund und in Harmonie zu leben, ist aber gerade eine ganzheitliche Lebensgestaltung wichtig, in der all unsere Sinne ebenso gefragt sind wie unser Verstand. Die Kräfte der Natur, die vielfältigen Rhythmen unseres Planeten und des Kosmos gehören zu unserem Leben und bestimmen es. Wir sollten sie also in unsere Lebensplanung einbeziehen und respektieren.

Dazu müssen wir uns zunächst einmal bewusst machen, welchen Einflüssen wir ausgesetzt sind. Wir müssen uns mit den Kräften feinstofflicher Schwingungen bekannt machen, die von Farben ebenso ausgehen wie von Steinen, Aromen, Blüten, Mineralien, Gedankenkraft – und natürlich von unserem Unterbewusstsein. Die Kenntnis von den komplexen und komplizierten Wirkweisen in der Natur kann uns deren Kräfte verfügbar machen. Hierbei helfen uns Informationen aus Büchern und eigene sorgfältige Beobachtungen und Versuche.

Wie aber heben wir das tief in unserem Unterbewusstsein verborgene Wissen in unser Bewusstsein? Wie entdecken wir unsere geheimen Wünsche und Motive, so dass wir auch mit ihnen – mit uns – vernünftig umgehen können? Grundvoraussetzung ist völlige Ehrlichkeit und ein ethisches Leben uns und unseren Mitmenschen gegenüber. Auch wenn es manchmal der schwerere Weg ist, sollten wir uns in unserem Handeln die eigenen Motive stets bewusst vor Augen halten. Eine zweite Voraussetzung ist Vertrauen in unsere eigene Stärke, unsere Verbundenheit mit den irdischen und kosmischen Kräften und auch Vertrauen auf die göttliche Lenkung.

Wenn wir durch Ehrlichkeit und Vertrauen offen sind, um von unseren tieferen Schichten einen Weg zur kosmischen und göttlichen All-Einheit zu finden, kann das Pendel Werkzeug in diesem kommunikativen Prozess sein. Es empfängt die Schwingungen, die von unserem Unterbewusstsein ausgestrahlt werden, und teilt uns somit unser eigenes tiefes Wissen mit.

Das Pendel lässt sich in allen Lebensbereichen zu vielen wichtigen Dingen befragen, die uns betreffen. Es gibt verschiedene Einsatzmöglichkeiten und Methoden. Beim Pendeln sollten Sie sich stets Ihrer Verantwortung sich und anderen Menschen gegenüber bewusst sein und es ausschließlich im positiven und heilbringenden Sinn einsetzen.

In diesem Buch stelle ich Ihnen zunächst die Techniken des Pendelns vor, so dass Sie es auch als Laie benutzen können. Darüber hinaus werden spezielle Meditationsübungen Ihnen zu größerer Sensibilisierung verhelfen. Thematisch habe ich mich besonders auf die Bereiche konzentriert, von denen ich aus meiner therapeutischen Erfahrung weiß, dass sie wichtige Fragen von Männern und Frauen betreffen:

- Wie kann ich die Kräfte der Natur nutzen, um ein ganzheitliches Leben zu führen?
- Wie kann ich gesundheitliche, partnerschaftliche, sexuelle Probleme lösen?
- Wie kann ich mich aus den Fesseln althergebrachter Rollenzwänge befreien?
- Wie kann ich mich mit den Energien der Natur stärken?
- Wie erkenne ich die Ursachen von körperlichen und seelischen Beschwerden?
- Wie kann ich herausfinden, was gut für mich ist?
- Wie ist mein vergangenes, gegenwärtiges, zukünftiges Leben zu bewerten?

Bei der Beantwortung solcher und anderer Fragen kann das Pendel eine große Hilfe sein.

Ich wünsche allen Lesern und Leserinnen, dass sie die innere Ruhe und Geduld aufbringen, die die Arbeit mit dem Pendel zu einer erkenntnisreichen und beglückenden Begegnung mit dem eigenen verborgenen Ich macht!

I Das Pendel

Wie ist es beschaffen?

Über die Anforderungen, die an die Beschaffenheit des Pendels gestellt werden, gibt es unterschiedliche Auffassungen. Die einen machen genaue Vorgaben bezüglich Größe, Form und Material, andere wiederum benutzen unterschiedslos mal dies mal das – in keinem mir bekannten Fall allerdings wird ein Unterschied gemacht zwischen Pendeln, die vorzugsweise von Frauen beziehungsweise von Männern benutzt werden sollten. Dies ist in meinen Augen ein unverständliches Versäumnis. Nicht nur werden die unterschiedlichen Schwingungen und Polaritäten der Geschlechter schlicht ignoriert – erstaunlich um so mehr, als ja gerade die heutige Zeit für geschlechtsspezifische Differenzen sehr aufgeschlossen ist –, es werden gleichzeitig und bedauerlicherweise die positiven und unterstützenden Kräfte der Natur für einen heilsamen Einsatz des Pendels nicht genutzt. Ein Messingpendel in der Hand eines Mannes wirkt anders als in der Hand einer Frau. Das Gleiche gilt von einem Kupferpendel in der Hand einer Frau, zum Beispiel eingesetzt über dem Körper einer Frau. Tatsächlich reagiert jedes Pendel abhängig von der Person, die es hält. Aber man sollte die positiven Kräfte, die man beim Pendeln mobilisiert, durch artverwandte oder gleichgepolte Materialien unbedingt unterstützen. Dabei gilt Gold als neutral.

Bevor wir zu den Materialien und ihrem geeignetsten Einsatz kommen, will ich Ihnen zunächst einige allgemeinere Informationen zum Pendel geben.

Das Pendel besteht aus einem Pendelkörper und einem Faden. Dieser sollte stabil sein, als günstig erweist sich auch ein leichtes Metallkettchen, zum Beispiel aus Silber oder Gold. Die Länge ist abhängig von dem auszupendelnden Objekt. Eine Pendelkarte in DIN-A4-Format zum Beispiel erfordert ein mittelgroßes Pendel mit einer Fadenlänge von 20 bis 30 Zentimetern. Kleinere Objekte, etwa Edelsteine oder Nahrungsmittel, werden entsprechend mit kleineren Pendeln an kürzeren Fäden ausgelotet, während man natürlich für das

Auspendeln eines Menschen oder von Störfeldern in Haus und Garten größere Pendel braucht.

Auf jeden Fall gilt, dass der Pendelkörper schwer und groß genug sein muss, damit er die Schwingungen aufnehmen und auch verlässlich weitergeben kann – also zufällige Bewegungen, die aufgrund der Leichtigkeit des Objekts entstehen, ausgeschlossen werden. Empfehlen würde ich ein Gewicht von zwischen 20 und 50 Gramm. Leichtere Pendel reagieren, wie gesagt, äußerst empfindlich, was schnell zu falschen Deutungen führen kann. Wichtig ist, dass der Pendelkörper in seiner Mitte am Faden befestigt ist, so dass er in gleichmäßiger Symmetrie rotieren kann. Die Verbindung von Faden und Pendelkörper soll flexibel sein. Für punktgenaues Auspendeln, etwa über Pendelkarten, ist ein angespitztes Pendel sinnvoll. Die Spitze ist nach unten gerichtet und erleichtert klare Deutungen.

Angeboten werden unterschiedliche Pendelkörper: aus Gold, Silber, Messing, Eisen, Bronze, Kupfer oder Kristallen. Männern empfehle ich ein Pendel aus Messing, Eisen oder einem Kristall. Messing und Eisen gehören von ihren Wirkungen und Schwingungen zum Bereich des Männlichen. Sie sind als stärkende männliche Marselemente wegen ihrer positiven Ionisierungen besonders gut geeignet, die unterbewussten Schwingungen eines Mannes zu transportieren. Frauen empfehle ich ein Pendel aus Kupfer oder einen Kristall. Kupfer ist ein Metall, das als basisches, weibliches Venuselement kühlt und sich wegen seiner negativen Ionisierung besonders gut eignet, die unterbewussten Schwingungen einer Frau zu transportieren. Darüber hinaus kann man natürlich sein Pendel auch selbst herstellen und dabei auf eigene Bedürfnisse und Vorlieben eingehen.

Am neutralsten hat sich ein goldener oder vergoldeter Pendel – Nr. 3 oder Nr. 10 in der Abb. 1 – erwiesen. Damit kann von Frau und Mann gleichzeitig gearbeitet werden. Dass Sie sich mit Ihrem Pendel wohlfühlen, ist ganz wichtig. Wählen Sie behutsam das Material. Probieren Sie verschiedene Dinge aus. Wählen Sie mit Verstand, aber lassen Sie auch Ihr Gefühl mit entscheiden. Wenn Sie noch keine Erfahrungen mit dem Pendeln haben, wählen Sie möglicherweise

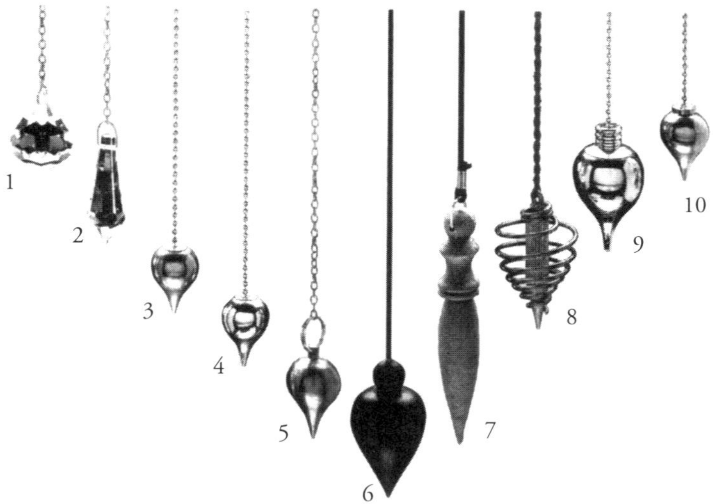

Abb. 1: Verschiedene Pendelformen

Nr.	Beschreibung
1	Tropfen – Kristall
2	»Facettes« – Kristall
3	Tropfen – Gold (vergoldet)
4	Tropfen – Chrom (verchromt)
5	Tropfen – Kupfer
6	Tropfen – Holz (Ebenholz)
7	»Ägyptisch« – Sandstein
8	Spirale – Kupfer/Holz
9	Schraubpendel, groß – (verchromt)
10	Schraubpendel, klein – (vergoldet)

eines, dessen Material mit Ihrem Sternzeichen verwandt ist (vergleiche Abb. 9).

»Der oder das Pendel«: Was ist dran am Pendeln?

Wenn Sie sich ein wenig in der Literatur über Pendel umgesehen haben, werden Sie mit Erstaunen festgestellt haben, dass nicht nur die Einstellungen zum Pendeln weit auseinander gehen, sondern schon der Begriff offensichtlich nicht geklärt ist. Heißt es nun »der« oder »das« Pendel?

Meiner Meinung nach hängt der Gebrauch des Artikels entscheidend von der Grundeinstellung zum Pendeln ab. Wo der Gebrauch von »der« vorgezogen wird, wird dem Pendel häufig eine starke Selbstständigkeit zugesprochen, so als wäre das Pendel ein eigenständiges Wesen, eine Macht, fähig, nicht nur Aussagen zu treffen, sondern auch über Lebenswege und Schicksal aktiv zu entscheiden. Dort, wo der sächliche Artikel gebraucht wird, scheint weitgehend Konsens zu bestehen über den tieferen Zusammenhang des Pendelns als Ausdruck eigener innerer, unterbewusster Kräfte.

Ich möchte mich an dieser Stelle ausdrücklich von der Gruppe derjenigen distanzieren, die dem Pendeln unerklärliche magische Kräfte zuschreiben und es zu Zwecken einsetzen, die ich eher dem negativen Bereich schwarzer Magie zuordne. Das Pendel soll man nicht benutzen, um Antworten, gar einfache im Ja-/Nein-Stil, über letzte metaphysische oder religiöse Fragen zu erhalten, oder solche, die die Zukunft betreffen. Auch sei davor gewarnt, das Pendel zur Manipulation bei Glücksspielen, zur »Errechnung« von Lottozahlen einzusetzen, oder um etwas über einen anderen Menschen gegen dessen Willen herauszufinden. Die arrogante Handhabung des Pendels aus dem Wahn heraus, Macht über andere Menschen zu haben, ist gefährlich – mehr übrigens für das eigene Ich als für die anderen. Denn den natürlichen Kräften sollten wir uns nur demütig und vertrauensvoll nähern, dann können sie uns auf unserem Weg zu körperlicher, geistiger und seelischer Gesundheit (oder Gesundung) helfen.

Was geschieht beim Pendeln?

Auch wenn wir in der heutigen hoch technisierten, hektischen Zeit häufig die Möglichkeiten verloren haben, uns und unsere Umwelt mit allen unseren Sinnen wahrzunehmen, und der Kontakt zwischen unserem Bewusstsein und unserem Unterbewusstsein leider nur noch in seltenen Fällen reibungslos funktioniert, so ist dennoch nicht alles verloren. Es gibt Mittel und Wege, uns unserer verborgenen inneren Kräfte bewusst zu werden und wieder stärker auf sie zu hören. Wir können vertrocknet geglaubte Wurzeln unserer naturhaften Fähigkeiten wiederbeleben. Wir können lernen, in uns hinein zu horchen und unseren »siebten Sinn« zu stärken. Der nämlich ist zuständig für die Bereiche des nicht mit unseren normalen Sinnen Wahrnehmbaren.

Wir sind täglich unendlich vielen Einflüssen ausgesetzt, von denen die meisten Menschen keine Ahnung haben und unter denen sie dennoch leiden. Wie viele ungeklärte gesundheitliche und psychische Krankheiten gibt es, die auch nach gründlichen und langwierigen ärztlichen Untersuchungen nicht geklärt oder gar geheilt werden können?! Abgesehen von den alltäglichen Reizen, die auf uns wirken – Aufregungen im Straßenverkehr, Ärger bei der Arbeit, Überforderungen in der Familie, ständiger Zeitmangel und Stress, dauerhafte Einnahme von Giften aller Art (Alkohol, Nikotin, Drogen, Medikamente), ungesunde Ernährung, Lärm, Luftverschmutzung, Computersmog und vieles mehr –, sind wir auch vielfältigen kosmischen und Erdstrahlen ausgesetzt, die unseren Biorhythmus beeinflussen und uns manchmal bis zur Krankheit beeinträchtigen. Wir besitzen nicht (mehr) die den Tieren eigene Instinkthaftigkeit, die anzeigen würde, welcher Ort zum Leben günstig oder welche bestrahlten Lebensmittel ungesund sind. Selten genug nur empfinden wir das natürliche

Bedürfnis nach einem bestimmten Nahrungsmittel, nach einer Farbe, nach einem Edelstein, die uns die Energien geben könnten, die wir gerade dringend brauchen.

Wir können aber lernen, wieder mehr auf unsere innere Stimme zu hören. Dafür gibt es verschiedene Wege, z.B. Meditationen und Yoga, um nur zwei zu nennen. Wichtig ist, sich den Weg zum eigenen Unterbewusstsein freizumachen. Wenn wir bereit sind, auf die innere Stimme zu hören, kann sie uns über das Pendel Antworten auf unsere ureigenen Fragen geben.

Das Leben besteht aus Schwingungen, die auf einer nicht sichtbaren, feinstofflichen Ebene stattfinden und dort Informationen transportieren. Über unser Unterbewusstsein nehmen wir solche Informationen auf, auch wenn wir uns dessen nicht bewusst sind. Das Pendel ist eine Art Vermittler zwischen unserem Unterbewusstsein und unserem Bewusstsein. Mittels unbewusster Reaktionen unserer Muskulatur werden im Unterbewusstsein gespeicherte Informationen an die Oberfläche und zu unserer bewussten Kenntnis gebracht. Das Aufspüren, das Erfühlen von Strahlen und Schwingungen nennen wir auch Radiästhesie. Da jede Materie schwingt beziehungsweise strahlt, kann man sie auch radiästhetisch untersuchen. Keine Magie also, keine Teufelskraft und Zauberei, es sei denn, wir sind bereit, das komplexe und wunderbare Zusammenspiel unserer eigenen vielfältigen Kräfte als Zauberei anzuerkennen.

Kann jede(r) pendeln?

Nach dem bisher Gesagten können Sie die Frage eigentlich selbst beantworten. Da es sich beim Pendeln nicht um schwer durchschaubare Zauberkunst handelt, muss die Antwort allgemein »ja« lauten. Naturgemäß verfügt jeder Mensch über eine radiästhetische Fühligkeit. Diese ist allerdings unterschiedlich ausgeprägt. Es gibt Menschen, die auf feinstoffliche Energien so sensibel reagieren, dass sie nicht einmal ein Pendel als Mittel zum Auffinden dieser Energien bedürfen, sondern sie mit ihren Händen oder anderen Sinnen erfühlen können. Dies sind zumeist Menschen, die sehr im Einklang mit sich und der Natur leben, die in sich ruhen und einen guten Kontakt zu ihrem Unterbewusstsein haben.

Andere wiederum brauchen länger, bis sie in der Lage sind, sich für eine Wahrnehmung feinstofflicher Schwingungen zu öffnen. Aber auch sie können pendeln, sie brauchen einfach etwas länger und vielleicht mehr Geduld. Mit einfachen Mitteln können sie lernen, mehr in sich hineinzulauschen, zum Beispiel mittels der auf S. 22-24 beschriebenen Meditation mit violettem und goldenem Licht. Diese Meditation hat zudem eine wohltuende Heilwirkung, so dass gerade die anfangs eher »untypischen« Pendler sich mit Gefühlen wachsender Entspannung, ja sogar der Erleichterung dem Bereich des Pendelns im Allgemeinen zuwenden können.

Äußere Bedingungen beim Pendeln: praktische Hinweise

Bevor wir zu Pendelübungen kommen, möchte ich Ihnen einige wichtige Hinweise geben, die beim Pendeln zu beachten sind.

Grundvoraussetzung beim Pendeln ist Ruhe und Entspannung. Der Körper muss ausgeruht sein, der Geist frei von Gedanken, die das Pendel störend beeinflussen könnten. Zum Pendeln werden wir in unserer Ganzheit gebraucht. Neben dem so wichtigen Zugang zu unserem Unterbewusstsein, das als eine Art Schaltstelle im Bauchbereich angesiedelt ist, ist unser klarer Verstand zum Fragestellen und Analysieren der Ergebnisse wichtig. Auch dürfen wir das Pendeln nicht mit kalt-funktionalem Blick beginnen: Unser Herz, unsere spirituellen Kräfte und unsere Gefühle müssen mindestens ebenso präsent sein.

Ich schlage eine Meditation mit dem inneren Licht (siehe S. 22) zu Beginn des Pendelns vor. Besonders Anfängern ist der meditative Einstieg hilfreich. Fortgeschrittene Pendler können auch ohne Meditation oder lange Einstimmung den Kontakt zu ihrem Unterbewusstsein herstellen.

Da die Arbeit mit dem Pendel viel Kraft verbraucht, ist es wichtig, nicht zu lange dabei zu bleiben. Legen Sie eine Pause ein, wenn Sie merken, dass Sie zu viel Energie verbrauchen, und pendeln Sie nicht länger als 20 Minuten am Stück.

Lassen Sie sich nicht entmutigen, wenn das Pendel sich anfangs nicht oder widersprüchlich bewegt. Das ist normal. Anfänger haben im Durchschnitt eine Fehlerquote von bis zu 70 Prozent! Das Pendeln erfordert Geduld, Ruhe und eine pragmatische Grundhaltung. Auch wenn natürlich das Vertrauen in die eigene Pendelfähigkeit unabdingbar ist, sollten Sie nicht jede Antwort blindlings und unkontrolliert glauben. Seien Sie versichert: Auch die erfahrensten Pendler haben keine hundertprozentige Trefferquote. Und nur diejenigen sind wirklich erfahren, die auf Fehlerquoten eingestellt sind.

Womit kann ein »falscher« Ausschlag des Pendels oder seine völlig ausbleibende Reaktion zusammenhängen? Mögliche Antworten liegen zumeist in uns selbst. Wir sollten in einem solchen Fall unbedingt unsere Motivation überprüfen. Kann es sein, dass wir zu verbissen auf Pendelreaktionen warten, dass wir beeinflusst sind durch negative Gedanken und Gefühle? Befinden wir uns in einem Zustand der Disharmonie, anstatt ausgeglichen in unserer eigenen Mitte zu sein? Werden wir von Neid, Konkurrenzdenken, Erfolgssucht, hässlichen Vorurteilen, Kleinlichkeit, Körperfeindlichkeit oder anderen schlechten Zuständen beherrscht?

Eine weitere wichtige Voraussetzung, um unsere vitalen und siderischen Kräfte rein und möglichst unbeeinflusst beim Pendeln einzusetzen, besteht in der Isolation des auszupendelnden Objektes oder des Menschen von störenden Strahlungen. Am besten nimmt man hierzu Isoliermatten, die man als Unterlage benutzt. Diese Matten sollten aus Gummi, Holz oder Papier bestehen, keinesfalls aus Plastik!

Weiterhin ist unbedingte Wahrheitsliebe eine Grundvoraussetzung für erfolgreiches Pendeln. Nur wenn ich mir gegenüber völlig ehrlich bin, werde ich einen wirklichen Kontakt mit meinem Unterbewusstsein zulassen können.

Und natürlich muss ich eine positive Einstellung zu mir haben, mich mit all meinen Stärken und Schwächen kennen, annehmen und mögen. Ich spreche hier nicht von falscher Eigenliebe und Egoismus, sondern von einer gesunden, lebensbejahenden Annahme der eigenen Person in ihrer ganzen Liebenswürdigkeit.

Ein Wort noch zum Pendel: Die feinstofflichen Energien, die von Ihnen zum Pendel schwingen, hinterlassen ihre Spuren. Nach Pendeln über einer kranken Körperstelle, einem toxisch belasteten Nahrungsmittel oder einer anderen mit negativen Energien aufgeladenen Stelle sollten Sie Ihr Pendel unbedingt reinigen. Dies geschieht, indem Sie es eine Weile unter fließendes kaltes Wasser halten – je belasteter das Pendel ist, desto länger. Übrigens sollten Sie Ihr Pendel aus dem gleichen Grund nicht verleihen, schon gar nicht an einen Ihnen nicht sympathischen Menschen. Wenn es doch vorkommen sollte, dass eine andere Person Ihr Pendel benutzt, gilt ebenfalls, dass gründlich gereinigt werden muss. Die negativen (Fremd)-Energien, die im Pendel gespeichert werden, fließen nämlich in Sie zurück. Schützen Sie sich davor.

Das Pendel braucht eine pflegliche Behandlung. Neben regelmäßiger energetischer Reinigung ist auch wichtig, dass es einen festen, »guten«, strahlungsfreien Platz hat. Beobachten Sie Ihre Pflanzen. Wo gedeihen sie besonders gut? Oder Ihren Hund: Wo rollt er sich am liebsten zu einem Mittagsschläfchen ein? Pflanzen und Tiere »wissen« meist, welche Orte energetisch ruhig sind. Diese sollten auch wir suchen, um zu ruhen. Und unser Pendel gehört an einen solchen Platz.

Meditation mit dem inneren Licht zur Steigerung der radiästhetischen Fähigkeit

Wenn Sie das Gefühl haben, für das Pendeln noch nicht bereit zu sein – weil sie körperlich durch Giftstoffe oder psychisch durch negative Gedanken belastet sind –, befreien Sie sich durch eine reinigende und vitalisierende Heilmeditation. Besonders bewährt hat sich in meiner langjährigen Praxis als Heilpraktikerin und Therapeutin die Farbmeditation.* (Für spirituell Fortgeschrittene empfiehlt sich die Meditation mit dem inneren Licht und Ton, siehe Anhang). Meditieren Sie in zwei Schritten, zur Reinigung mit violettem Licht, zur Vitalisierung anschließend mit goldenem Licht.

Übung zur Reinigung und Heilung mit violettem Licht

Für diese Meditationen setzen Sie sich möglichst mit aufrechter Wirbelsäule in eine ruhige und störungsfreie Umgebung entspannt und bequem hin – Sie können sich auch anlehnen. Atmen Sie dreimal ruhig tief ein, und spüren Sie beim Ausatmen, dass alle negativen Stoffe und Gedanken Ihren Körper verlassen. Atmen Sie nun normal weiter. Stellen Sie sich vor, dass eine violette Flüssigkeit von oben über Ihren Scheitel in Ihren Körper hineinfließt. Diese Flüssigkeit reinigt Sie von Kopf bis Fuß, indem sie systematisch und in kreisenden Bewegungen jeden Körperteil ausspült. Die Flüssigkeit bewegt sich durch Ihren Körper in folgender Reihenfolge: durch den Kopf, den Hals, die Halswirbelsäule, in beide Schultern, Schulterblätter, Arme und Hände, bis in die Fingerspitzen hinein; in die Brustwirbelsäule

* Zur ausführlichen Darstellung von Farben siehe: »Die Farben Deiner Seele« und »Die richtige Schwingung heilt«.

und den Oberkörper, den Brustraum und die Rückenpartien, durch die einzelnen Organe – das Herz, die Lunge, den Magen, die Leber und Gallenblase (rechts innen unter den Rippen), die Milz und die Bauchspeicheldrüse (links unter den Rippen); weiter durch Ihre Taille hinunter in den Unterkörper, durch Ihren gesamten Darm, die Nebennieren (hinten innen unter den Rippen) und die darunter liegenden Nieren; durch den Unterleib, die Keimdrüsen – die Hoden, die Prostata bzw. die Eileiter, die Eierstöcke –, den Penis bzw. die Gebärmutter und schließlich durch die Blase und den Anus; dann in beide Beine – die beiden Beckenschaufeln, die Oberschenkel, beide Knie, die Waden, durch die Knöchel, die Fersen und durch beide Füße bis zu den Zehenspitzen, wo die violette Flüssigkeit den Körper verlässt und tief in die Erde hineinfließt, um dort alle mitgeschwemmten Giftstoffe und negativen Energien zu transformieren. Haben Sie bei Ihrer Wanderung durch den Körper das Gefühl, sich an einer besonders belasteten Stelle zu befinden, so lassen Sie die violette Flüssigkeit jede einzelne Zelle dieses Körperteils durchströmen, bis Sie meinen, von allen Giften völlig befreit zu sein. Atmen Sie im Anschluss an die Meditation tief durch, und spüren Sie, wie der frische Atemfluss in Ihren von allen Schlacken gereinigten Körper eindringt. Nun sind Sie bereit, neue Energien aufzunehmen.

Neue Lebensenergie durch Meditation mit goldenem Licht

Nun machen Sie die gleiche Meditation mit einem goldenen Licht. Wieder lassen Sie eine nunmehr goldfarbene Flüssigkeit über den Scheitel in Ihren Kopf und in kreisender Bewegung durch Ihren ganzen Körper fahren. Stellen Sie sich dabei vor, dass jede Körperzelle mit reiner kosmischer und göttlicher Energie angefüllt wird und dass diese Energie Sie auf drei Ebenen stärkt: Ihren geistig-spirituellen, Ihren astral-emotionalen und Ihren physisch-materiellen Körper. Die lichte Flüssigkeit belebt und erfüllt Sie mit Freude. Lassen Sie sie dort jede einzelne Zelle mit ihrer Kraft aufladen, wo Sie glauben, es nötig zu haben. Am Ende der Reise durch den Körper tritt die goldene Flüssigkeit an den Zehenspitzen aus Ihrem Körper wieder aus und fließt tief in die Erde, wobei Sie auch ihr frische Lebendigkeit und neue Kraft bringt.

Vergleichen Sie Ihre Gefühle nun mit denen, die Sie vor der ersten Meditation mit dem violetten Licht hatten. Fühlen Sie sich klarer, entspannter, frischer, wacher und glücklicher? Sind Sie nun frei für die Energien des Pendelns?

Um sich diesem nun entspannt und offen zuzuwenden, atmen Sie tief ein und aus, spüren Sie ihre Füße, die fest auf dem Boden ruhen und deren Wurzeln tief in die Erde reichen. Öffnen Sie langsam die Augen.

Wie pendelt man?

Die Pendelhaltung

Über die beste Pendelhaltung, über Regeln von Pendelbewegungen sowie Fragestellungen lassen sich ebenso wenig eindeutige und allgemein verbindliche Vorschriften aufstellen wie über das Material des Pendelkörpers. Die einzige, wenngleich unerlässliche Voraussetzung ist eine völlig gerade Wirbelsäule. Wenn diese nicht gerade gehalten wird, kommt es beim Pendeln zu falschen Ergebnissen. Im Übrigen gilt wieder größtmögliche Individualität. Jede(r) finde für sich heraus, wie er pendelt. Dennoch lassen sich durchaus Hilfestellungen geben, die besonders für Anfänger geeignet sind.

Bevor Sie anfangen, legen Sie Ihre Uhr sowie sämtliche Gegenstände ab, die eine starke feinstoffliche Eigenstrahlung haben. Am besten setzen Sie sich barfüßig an einen ebenfalls von allen möglichen Stör- und Einflussfaktoren befreiten Tisch.

Das Pendel sollte frei schwingen können. Suchen Sie eine Körperhaltung, bei der alle Körperteile entspannt sind, so dass die Energie ungehindert aus Ihrem Bauch über Schulter und Arm in die Fingerspitzen fließen kann. Kontrollieren Sie besonders die Schulter, denn Verspannungen und Verkrampfungen an dieser Stelle sind ganz ungünstig. Man erleichtert sich eine bequeme Haltung dadurch, dass man den Ellbogen locker auf der Tischplatte abstützt.

Der Körper sollte angenehm warm sein, insbesondere die Füße und die Hände. Besonders günstig wirkt sich ein Schafwollpullover aus. Wolle auf dem Solarplexus (Brustbereich in Magenhöhe) verstärkt noch den Energiefluss. Wärmen Sie auch Ihr Pendel mit den Händen, und hauchen Sie es einige Male an.

Nehmen Sie das Pendel nun in die rechte Hand. Halten Sie es locker zwischen Daumen und Zeigefinger. Diese sollten ganz ruhig sein, eine zittrige Hand erschwert natürlich die Arbeit mit dem Pendel bis zur Unmöglichkeit. Ihre linke Hand liegt leicht und locker auf Ihrem Rücken, wobei Sie die Finger leicht auseinander spreizen, so dass sie sich nicht berühren. Die linke Hand ist als verstärkender Energieleiter von Bedeutung. Fühlen Sie Ihren Füßen nach, die fest auf dem Boden stehen und weit in die Erde reichende Wurzeln haben. Atmen Sie ruhig und gleichmäßig.

Warten Sie zunächst einmal ganz ruhig ab, was passiert. Denken Sie nichts. Schauen Sie auf die Spitze Ihres Pendels, ohne sie mit scharfem Blick zu fixieren. Sehen Sie sie eher beiläufig an.

Vielleicht beginnt das Pendel, sich leicht zu bewegen. Sie registrieren solche Bewegungen, ohne sie zu wollen! Bedenken Sie, dass Ihre reine Vorstellungskraft wenn nicht Berge, so doch Pendel in schwingende Bewegung versetzen kann. Versuchen Sie also auf keinen Fall, mittels Ihres Willens und Ihrer Imagination das Pendel zu beeinflussen. Beobachten Sie einfach ganz neutral.

Das Pendel kann ganz unterschiedliche Bewegungen vollziehen. Es kann kreisen (rechts herum? links herum?), Ellipsen und gerade Linien (horizontal? vertikal?) beschreiben oder auch phantasievolle Kombinationen einzelner Formen herstellen.

Wenn Sie die Erfahrung gemacht haben, dass das Pendel in Ihrer Hand sich von allein bewegt, also ohne dass Sie es bewusst in Bewegung setzen, haben Sie das passive Pendeln kennen gelernt.

Verschiedene Einsatzmöglichkeiten des Pendels

Nun gilt es, das Pendel aktiv zu benutzen. Dazu müssen Sie zunächst Bedeutungen von bestimmten Pendelbewegungen realisieren und in Ihrem Unterbewusstsein verankern. Dieser Schritt ist als eine Art Normierung zu betrachten: Sie müssen eine Übereinkunft zwischen Ihrem Bewusstsein und Unterbewusstsein herstellen und zu diesem Zweck Regeln definieren.

Konzentrieren Sie sich auf die Aussage »ja = Rechtskreis«. Währenddessen pendeln Sie einen Rechtskreis (im Uhrzeigersinn). Der Rechtskreis bedeutet ja oder gut oder positiv (als elektrische Ladung).

Anschließend beschreiben Sie mit Ihrem Pendel einen Linkskreis (gegen den Uhrzeigersinn) und konzentrieren sich auf die Aussage »nein = Linkskreis«. Der Linkskreis bedeutet nein oder schlecht oder negativ (im Sinne einer elektrischen Ladung.) Diese Norm ist übrigens nicht die persönliche Geheimsprache zwischen Ihrem bewussten und unterbewussten Ich, sondern sie entspricht allgemeinem Konsens. Sie bezieht sich auf das aktive mentale Pendeln.

Das Pendel kann aktiv sehr unterschiedlich eingesetzt werden: Sie können damit beginnen, bestimmte Materialien Ihrer Umgebung auszupendeln, verschiedene Edelsteine, Farben, Fotografien, Bücher, Lebensmittel... Lassen Sie Ihrer Phantasie freien Lauf. Probieren Sie aus, genießen Sie, wie das Pendel zu Ihnen spricht.

Eine interessante Erfahrung ist es, die Pendelschwingungen auf einem bereitgelegten Blatt zu notieren und die Übung am nächsten Tag zu wiederholen. Wo sind Übereinstimmungen, wo nicht? Sie werden sicherlich bemerken, dass das Pendel sehr deutlich Ihre persönlichen Tagesschwankungen reflektiert. Erwarten Sie bitte keine absoluten Wahrheiten von Ihrem Pendel, sondern testen und tasten Sie, immer wieder, bis die Übereinstimmungen deutlicher werden und Ihnen zeigen, dass Sie mehr Sicherheit gewonnen haben.

Eine weitere Möglichkeit des aktiv eingesetzten Pendels besteht darin, Fragen zu formulieren und kreisförmige Antworten im oben besprochenen Sinne zu erhalten. Bei dieser Methode muss man beach-

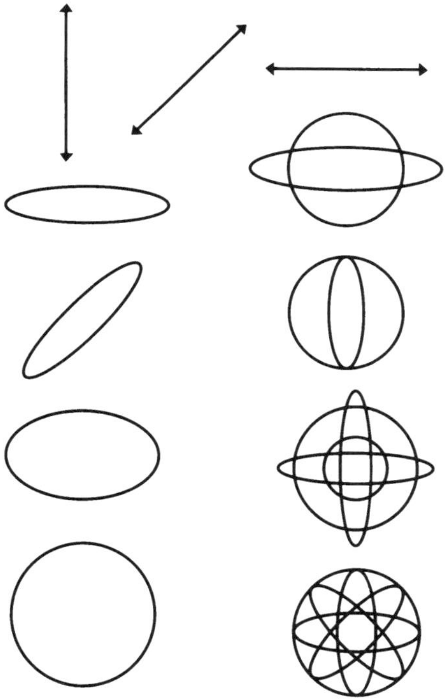

Abb. 2: Pendelbewegungen

ten, dass die Fragen unbedingt eindeutig gestellt sind und nur Ja- beziehungsweise Nein-Antworten erlauben. Bei nicht eindeutig zu beantwortenden Fragen, deren Antworten also ein »Möglich« beinhalten, werden Sie keine oder eine falsche Reaktion erhalten. Auch sollten Sie nicht fragen: »Welche Krankheit habe ich?«, sondern »Ist meine Leber gesund?«

Mit dem Pendel können Sie auch herausfinden, ob Sympathie oder Antipathie zwischen zwei Menschen, Pflanzen, Objekten besteht. Dies wird mit der Methode des so genannten physikalischen (im Gegensatz zum mentalen) Pendeln vorgenommen. Die Pendelbewegungen beschreiben in diesem Fall keinen Kreis, sondern gerade (vertikale oder horizontale) Bewegungen. Stellen Sie zwei Objekte nebeneinander, von denen Sie wissen wollen, ob zwischen ihnen eine »Resonanz« herrscht, d.h., ob die beiden Objekte gleiche Schwingungen aussenden oder, um in moderner Sprache zu sprechen, ob sie »kompatibel« sind. Wenn das Pendel zwischen den beiden Objekten horizontal schwingt, also die Bewegung vom einen zum anderen Gegenstand geht, herrscht Resonanz. Wenn hingegen eine vertikale, d.h. beide Objekte trennende Linie vollzogen wird, ist das Gegenteil der Fall: Ihre Schwingungen weisen keine Übereinstimmung auf. In manchen Fällen bewegt sich das Pendel unentschieden diagonal zwischen den auszupendelnden Gegenständen. Dies kann man als Ähnlichkeit zwischen beiden interpretieren.

Die Frage, die beim Resonanzpendeln zu stellen ist, lautet: »Welche Schwingung liegt vor?«

Übrigens kann das Pendel statt einer horizontal-verbindenden auch eine kreisförmig-einschließende Bewegung beschreiben, falls die zu analysierenden Gegenstände klein sind und nah genug beieinander liegen.

Interessant wird diese Methode dann, wenn Sie mit ihrer Hilfe testen wollen, ob bestimmte Dinge zu Ihnen passen und mit Ihrer persönlichen Ausstrahlung harmonieren.

Desweiteren können Sie mit dem Pendel über einzelne Körperteile von Menschen fahren und dabei eine Menge über deren körperlichen und psychischen Zustand erfahren. Diese Form des Pendelns ist besonders im therapeutischen Einsatz interessant. Es birgt allerdings auch gewisse Gefahren, wenn es nicht verantwortlich und fachgerecht vorgenommen wird. Körperpendeln – zumindest dort, wo es um gravierende Disharmonien und Krankheiten geht – sollte nur vom pendelerfahrenen Therapeuten vorgenommen werden. Hier haben laienhafte Fehldiagnosen schon zu fürchterlichen Missverständnissen mit schlimmen Folgen geführt.

Und schließlich – und dies ist eine weit verbreitete und beliebte Art der Pendelarbeit – gibt es die Methode, das Pendel über so genannten Pendelkarten nach bestimmten Themenbereichen gezielt zu befragen. Hierbei gilt größte thematische Offenheit. Alle Bereiche sind möglich. Sie können eigene Karten entwerfen, mit den Sie interessierenden Punkten.

Allerdings sollten Sie bedenken, dass ein zu breites Themenspektrum für die eigene radiästhetische Tätigkeit nicht unbedingt förderlich ist. Sollte die Phase des Ausprobierens bei Ihnen abgeschlossen sein und sollten Sie genügend Erfahrung im Pendeln gesammelt haben, konzentrieren Sie sich auf die Bereiche, die für Sie wirklich wichtig sind. Schließlich ist das Pendeln kein belangloses Gesellschaftsspielchen. Man muss gewissenhaft damit und letztendlich mit sich selbst und seinem eigenen innersten Ich umgehen. Ich möchte Ihnen auch dringend empfehlen, nicht in der Öffentlichkeit zu pendeln, sondern möglichst dort, wo Sie allein sind. Auch sollten Sie vermeiden, Ihre beim Pendeln gemachten Erfahrungen und Erlebnisse anderen mitzuteilen oder gar prahlerisch herauszuposaunen. Dies wäre sicherlich nicht der richtige Umgang mit einer so sensiblen und delikaten Angelegenheit, die die Arbeit mit dem Pendel schließlich ist.

Die bisher im Überblick genannten Einsatzmöglichkeiten werden in den folgenden Kapiteln ausführlich und mit einzelnen Beispielen dargestellt.

II Methoden des Pendelns

Arbeiten mit Pendelkarten

Beim Pendeln über Karten sind grundsätzlich alle möglichen Themen abzudecken. Ich möchte allerdings zu Beginn dieses Abschnitts darauf hinweisen, dass eine gewisse Grundkenntnis dessen, was zu ermitteln ist, bestehen sollte. Dies gilt insbesondere für den homöopathischen und medizinischen Bereich. Wer sich mit der Heilwirkung einzelner homöopathischer Mittel oder der chemischen Zusammensetzung von pharmazeutischen Medikamenten nicht auskennt, wird kaum mit Hilfe von entsprechenden Pendelkarten vernünftige therapeutische Entscheidungen treffen können. Daher möchte ich an dieser Stelle allen Laien heftig davon abraten, sich mittels Pendel medikamentieren zu wollen.

Wenn Sie über einer Pendelkarte zu arbeiten beginnen, denken Sie zunächst daran, sich einzustimmen. Legen Sie alle störenden Utensilien beiseite und die Pendelkarte mitten auf den Tisch. Setzen Sie sich bequem davor, stützen Sie den Ellbogen ab, und justieren Sie Ihre Hand so, dass die Pendelspitze auf den Mittelpunkt der Karte gerichtet ist. Formulieren Sie nun laut oder in Gedanken Ihre Frage, etwa: »Welche der hier vorhandenen Möglichkeiten ist für mich gut?«

Mit etwas Glück wird das Pendel Ihnen eine klare Antwort geben. Ich sage deshalb »Glück«, weil die erfolgreiche Arbeit mit den fertigen Pendelkarten in starkem Maße davon abhängt, ob Sie eine richtige Entscheidung hinsichtlich der auszuwählenden Pendelkarte – oder wenn Sie diese selbst entworfen haben, hinsichtlich der verschiedenen Alternativen – getroffen haben. Die Möglichkeit, dass einem das eigene Thema nicht bewusst ist, ist leider recht hoch anzusetzen. Man beschäftigt sich häufig mit Themen, die an den wirklichen inneren Problemen vorbeigehen oder gar von ihnen ablenken.

Für den Fall, dass Sie also eine Pendelkarte benutzen, die eigentlich gar nicht die richtige ist, sollten Sie eine Art Sicherung einbauen, die darin besteht, dass auf jeder Karte ein Feld für »Irrtum« vorgesehen ist. Wie Sie dieses Feld nennen, bleibt Ihnen überlassen. Sie können auch »falsch«, »unzutreffend« oder »Fehler« darauf vermerken. Sie vermeiden so, dass das Pendel mangels eines »Auswegs« ein falsches Feld anzeigt.

Fehler können unterschiedliche Ursachen haben. Überprüfen Sie, ob Sie vielleicht zu müde, unkonzentriert oder abgelenkt sind. Vielleicht möchten Sie etwas über ein Gebiet erfahren, über das Ihre Vorkenntnisse zu gering sind. Vielleicht haben Sie Vorurteile gegenüber dem Thema. Was auch immer die Gründe für die ausbleibende Antwort sind: Sie sollten die Frage zurückziehen und sie eventuell zu einem späteren Zeitpunkt neu stellen – und sich einem anderen Thema zuwenden. Eine Möglichkeit, sich genauer über die Art des »Fehlers« zu informieren, besteht darin, eine »Fehlerquellen-Karte« zu benutzen. Hier kann das Pendel Angaben zu tieferen Gründen für seine »Verweigerung« machen.

Bei Karten, auf denen die einzelnen Felder klein ausfallen und dicht nebeneinander liegen, ist ein kleines, angespitztes Pendel erforderlich, das auch fein und differenziert anzuzeigen vermag. Auch in diesem Fall ist darauf zu achten, dass die Perspektive stimmt. Beobachten Sie die Pendelbewegungen nicht von der Seite oder von vorn, das verfälscht den Eindruck, sondern von einem Punkt oberhalb der Mitte der Pendelkarte.

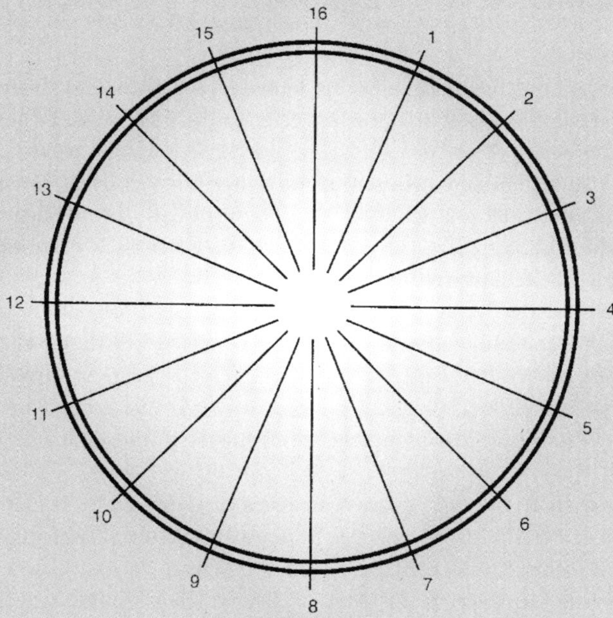

Abb. 3: Fehlerquellen-Karte

1 zu müde
2 Zweifel
3 kein Interesse
4 unkonzentriert
5 Alkohol
6 Drogen
7 Cortison
8 Frage muss anders gestellt werden
9 elektromagnetischer Einfluss
10 darf nicht beantwortet werden
11 störende Unterlage
12 Beeinflussung durch Anwesende
13 Pendel ist nicht entladen
14 falsche Sitzhaltung
15 Wasserader
16 andere geopathische Störzone

Herstellung von persönlichen Pendelkarten

Sie werden im Laufe der Zeit wahrscheinlich feststellen, dass Ihnen die vorgefertigten Pendelkarten für Ihre eigenen Bedürfnisse und Themen nicht genügen. Wenn Sie herausgefunden haben, welche zusätzlichen Punkte zu persönlichen Karten zusammengefasst werden können, ist es für Sie ein Leichtes, sich Ihre Pendelkarte(n) bzw. Ihre »Pendeluhr« individuell herzustellen. Fertigen Sie sich die Karte nach dem auf der folgenden Seite dargestellten einfachen Schema an.

Bevor Sie die Pendelkarte erstellen, vergewissern Sie sich, dass Sie alle wichtigen Punkte gesammelt haben. Hilfreich ist es, diese auf einer Liste zu notieren und ruhig einige Tage reifen zu lassen. So vermeiden Sie, dass etwas Entscheidendes »vergessen« wird. Wie gesagt, mit unserem Unterbewusstsein müssen wir behutsam und geduldig umgehen.

Dann teilen Sie den noch freien Kreis in gleich große Felder ein, wobei Sie Striche vom Zentrum nach außen ziehen. Das Fehlerfeld sollte auf jeder Karte ebenfalls eingetragen sein.

Wichtig ist, dass Sie in jedem Fall den Kreis in eine ungerade Anzahl von Feldern (einschließlich des Fehlerfeldes) aufteilen. So wird ein häufig gemachter grundsätzlicher Fehler vermieden: Bei einer geraden Anzahl von Feldern nämlich liegen sich zwei Linien immer gegenüber, und das schwingende Pendel bewegt sich über zwei Feldern. Sie erhalten dann keine Klarheit darüber, welche von beiden Alternativen gemeint ist. Um diese Doppeldeutigkeit auszuschließen, reicht es, Linien zu ziehen, die sich nicht gegenüber liegen, also dafür zu sorgen, dass die Anzahl der Felder ungerade ist. Falls die Punkte auf Ihrer Liste eine ungerade Zahl ergeben, fügen Sie einfach ein zweites Fehlerfeld ein.

Die Winkelabstände müssen gleich sein. Diese errechnen Sie, indem Sie die Anzahl der von Ihnen ermittelten Felder durch die 360 Grad des Kreises dividieren. Teilen Sie also 360 durch x. Die ermittelte Zahl gibt den Winkelabstand an, den Sie dann nur noch mit Hilfe

Eigene Pendeluhr:
Thema/Frage:

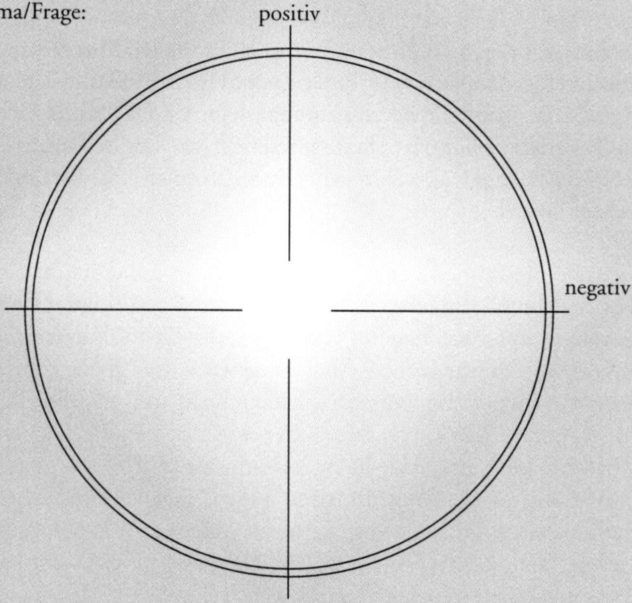

Abb. 4: Muster für eigene Pendeluhr

eines Winkelmessers, z.B. eines Geodreiecks, einzutragen brauchen. Ein Beispiel: Sie haben sich für fünf Felder entschieden: 360 geteilt durch fünf ergibt einen Winkelabstand von 72 Grad.

Am besten tragen Sie Ihre Stichpunkte am Außenrand der einzelnen Felder ein. Falls der Kreis in sehr viele Felder aufgeteilt ist, empfiehlt es sich, diese durchzunummerieren und unterhalb der Karte eine Legende anzulegen. Dann sollten Sie vor der Pendelarbeit sich eine Weile auf die Legende, also die Zuordnung von Zahlen und Stichpunkten, konzentrieren.

Noch ein Hinweis: Manche Themenstellungen sind sehr komplex und lassen sich nicht umfassend auf einer Karte unterbringen. Wenn Sie mehrere Karten brauchen, sollten Sie mit der Karte anfangen, auf der die höchste Ordnung verzeichnet ist und mittels Querverweisen auf die entsprechende nächstuntergeordnete Kategorie verweist. Beispiel: Falls Sie unter undefinierbaren Rückenschmerzen leiden, beginnen Sie nicht mit der Karte, auf der jeder einzelne Wirbel dargestellt ist, sondern mit einer übergeordneten allgemeinen Gesundheits- oder Anatomiekarte. Diese könnte Sie dann auf eine Wirbelsäulen- oder auch eine andere Karte verweisen, die Hinweise auf psychosomatische oder organische Probleme gibt.

Überprüfen Sie nach jedem Pendeln Ihr Ergebnis mittels einer Ja-/Nein-Frage. Hat das Pendel über einer Pendelkarte beispielsweise auf Magenprobleme hingedeutet, sollten Sie abschließend die Frage stellen: »Habe ich Magenprobleme?« Durch die entsprechende Kreisbewegung des Pendels wird dann die erste Pendeldiagnose bestätigt – oder auch nicht. In letzterem Fall sollten Sie sorgfältig mögliche Fehlerquellen überprüfen und den Versuch zu einem späteren Zeitpunkt wiederholen.

Themen von Pendelkarten

In diesem Abschnitt möchte ich Ihnen einen kleinen Auszug aus einer umfassenden Themenpalette vorstellen und verdeutlichen, wie hilfreich die Arbeit mit Pendelkarten sein kann und wie sehr sie häufig das Leben und das Miteinander erleichtert.

Zunächst einmal können Sie einiges über sich selbst erfahren. Ein großer Bereich umfasst Ihre Gesundheit im weitesten Sinne. Sie können abfragen, ob Sie gesund sind, wenn nicht, an welcher Stelle im Körper Blockaden oder Krankheitsherde stecken. Übrigens muss ich an dieser Stelle meinen Hinweis wiederholen, dass bei ernsthaften Erkrankungen das Pendeln nicht den erfahrenen Homöopathen oder Arzt ersetzt. Versuchen Sie nicht, sich selbst zu behandeln!

Sie können mittels der Pendelkarten erfragen, wie die Nahrungsmittel beschaffen sein sollten, die Sie benötigen, und dabei können Sie konkret nach dem ph-Wert von Lebensmitteln, nach Vitaminen, Mineralstoffen und Spurenelementen fragen oder nach einzelnen Bestandteilen der Nahrung, oder nach energetischer oder heilwirksamer Qualität. Hier gibt es viele verschiedene Möglichkeiten.

Wenn Sie sich über einen längeren Zeitraum matt und geschwächt fühlen, versuchen Sie herauszufinden, mit welchen Mitteln Sie Ihren energetischen Zustand stärken, also etwa welche Farbe Ihnen fehlt, welcher Edelstein Ihnen neue Energien gibt, ob eine Aromatherapie für Sie günstig ist oder welche Bachblüten Sie heilen können.

Sie können die Pendelkarten auch benutzen, um die Vitalität Ihrer Chakren zu überprüfen. In welchen Bereichen sind Sie vital, wo geschwächt? Ja, Sie können Ihre Lebensenergie oder die Energie bestimmter Körperbereiche in Prozent feststellen und solche Ergebnisse natürlich nutzen, um Disharmonien aufzulösen und einen Weg zu innerer Gesundung und Harmonie zu gehen.

Eine weite und hilfreiche Anwendung findet das Kartenpendeln in den unterschiedlichen Bereichen zwischenmenschlicher Beziehungen. So können Sie eine Zweierbeziehung in ihren vielfältigen Aspekten –

Sympathie, Sexualität, psychische, geistige, seelische Übereinstimmung, Kommunikationsschwierigkeiten u.a. – ebenso überprüfen wie beispielsweise das Funktionieren einer ganzen Gruppe, etwa ob eine Schulklasse relativ frei von Spannungen ist oder ob es in einer Bürogemeinschaft psychisch anstrengende Interaktionen gibt und ob dort sogar Fälle von Mobbing vorkommen.

In dem Maße, wie Sie Erfahrung im Umgang mit dem Pendel gewinnen, werden Sie immer vielfältigere Möglichkeiten entdecken, mittels dieses einfachen Instruments zu größerer innerer Stabilität und Gesundheit zu kommen.

Näher erläutern möchte ich Ihnen an dieser Stelle einige Bereiche der Heilanwendungen, mit denen ich in meiner homöopathischen Praxis die besten Erfolge erziele, darunter die Therapie mit Bachblüten, den Schüssler-Lebenssalzen, Mineralien, Vitaminen und die Farbtherapie.

Pendeln über der Bachblüten-Karte

Der englische Arzt und Homöopath Dr. Edward Bach entdeckte, dass die potenzielle vollkommene Harmonie des Menschen in der Natur, seine Übereinstimmung mit Gott durch Störungen auf der Ebene des menschlichen »Egos« zu negativen krankheitsauslösenden Schwingungen führen kann. Diese können am ehesten durch harmonisierende Heilschwingungen aufgelöst werden, wie sie von bestimmten Blüten und Pflanzen ausgehen. Da Wasser ein idealer Träger für Informationen ist, kam Bach auf die Idee, die mit den heilsamen Schwingungen der Blüten angereicherten Tautropfen zu sammeln und zur Gesundung einzusetzen. Er entwickelte eine Potenzierungsmethode, mit der die Essenz der Blütenwirkung in den Tautropfen gespeichert werden konnte, ohne die Blüten zu zerstören.

Bach ordnete insgesamt 38 verschiedene Blüten-Essenzen sieben Hauptgruppen disharmonischer Schwingungen zu, die alle zu gravierenden Krankheiten führen. Diese sind:

1. Angst,
2. Unsicherheit,
3. mangelndes Gegenwartsinteresse,
4. Einsamkeit,
5. Überempfindlichkeit,
6. Mutlosigkeit und
7. Überfürsorge.

Die sieben Bach-Gruppen entsprechen Grundtypen von Bakterien. Außerdem repräsentieren sie sieben Persönlichkeitstypen mit deutlichen Zuordnungsmöglichkeiten von Charakterstrukturen zu Gemütssymptomen.

Im Einzelnen kann ich an dieser Stelle nicht jede Blüte und ihre Wirkung beschreiben, möchte Ihnen aber doch aus jeder der oben genannten Gruppen eine nennen, um Ihnen einen Eindruck von der weiten Palette der Einsatzmöglichkeiten dieser Heilmethode zu vermitteln. Für nähere Informationen empfehle ich Ihnen mein Buch über ganzheitliches Heilen mit dem Titel »Die richtige Schwingung heilt. Das große Praxisbuch für Bach-Blüten, Farbe und andere Energien«.

Wenn man von diffusen Ängsten vor einer schrecklichen Zukunft erfüllt ist und diese unerklärlichen Ängste einen ununterbrochen, Tag und Nacht, verfolgen, ohne dass man den Mut aufbringt, sich jemandem mitzuteilen, hilft aus der Gruppe 1 (Angst) Aspen (Zitterpappel).

Für Menschen, die sich ständig von den Anforderungen des Alltags überfordert fühlen, auch wenn sie sie ganz gut bewältigen, und für solche, die glauben, sich erst stärken zu müssen, bevor sie eine Aufgabe erfolgreich angehen können, ist Hornbeam (Hainbuche) aus der zweiten Gruppe (Unsicherheit) ein gutes Mittel.

Aus der Gruppe 3 (mangelndes Gegenwartsinteresse) hilft Clematis (weiße Waldrebe) träumerischen Menschen, die eher schläfrig durchs Leben gehen, an dem sie kein großes Interesse haben. Diese Menschen sind sehr still und in ihren Lebensumständen nicht wirklich glücklich. Sie hoffen insgeheim auf eine bessere Zukunft, die Glück und die Verwirklichung ihrer Ideale bringen soll. Im Krankheitsfall unternehmen sie wenig, um wieder gesund zu werden. Das kann so weit gehen, dass sie eine Todessehnsucht entwickeln.

Die Bachblüten der vierten Gruppe (Einsamkeit) führen zum Erleben des Eins-Sein, z.B. Heather (Heidekraut), das solchen Menschen hilft, die nicht allein sein können und auch in kürzesten Phasen der Einsamkeit unglücklich sind. Sie schließen sich anderen an, unabhängig davon, ob der andere Mensch ihnen sympathisch ist oder ihre Gegenwart lieber meiden würde. Ihr ständiges Bedürfnis, über ihre eigenen Angelegenheiten mit wem auch immer zu sprechen, macht diese Menschen zu einsamen und rastlosen Wesen.

In Gruppe 5 (Überempfindlichkeit für Einflüsse und Ideen), deren Bachblüten generell helfen, Eigenverantwortung zu übernehmen, ist Holly (Stechpalme) vertreten. Sie empfiehlt sich für Menschen, die immer wieder unter negativen Gedanken wie Neid, Eifersucht, Rachsucht und Misstrauen leiden, auch wenn sie gar keinen Grund dazu haben.

Die Bachblüten der Gruppe 6 geben Zuversicht all denen, die unter Mutlosigkeit und Verzweiflung leiden. Beispielhaft sei Pine (Föhre) genannt, was sich als Heilmittel anbietet für Menschen, die die Schuld immer bei sich selbst suchen und auch dann mit ihren Ergebnissen nicht zufrieden sind, wenn sie Erfolg haben. Sie glauben, immer noch besser sein zu müssen.

Schließlich enthält die Gruppe 7 (bei übertriebener Sorge um das Wohl anderer) Bachblüten, die die Unterscheidungskraft der Menschen stärken. Chicory (Wegwarte) ist gut für Menschen, die sich übertrieben um Kinder, Verwandte und Freunde sorgen, einerseits stark auf deren Bedürfnisse achten, andererseits aber mit Freude ständig etwas finden, was sie zurechtrücken und korrigieren können. Diese Menschen möchten immer diejenigen um sich herum haben, um die sie sich kümmern.

Ich glaube, dieser kurze Überblick über die Möglichkeiten, mit Hilfe der Schwingungen bestimmter Blüten sich zu heilen, hat Ihnen einen Eindruck von den wunderbaren Fähigkeiten der Bachblüten vermittelt. Die Bachblüten sind übrigens völlig ungefährlich, sie können keine schädliche Wirkung bei starker Dosierung oder bei falscher Wahl haben, aber sie können Leiden lindern oder sogar heilen, wenn man die richtige Bachblüte ermittelt, derer man bedarf. Übrigens kann auch die Wirkung verschiedener Bachblüten kombiniert werden.

Wie finden Sie heraus, welche Essenz für sie die richtige ist? Zunächst sollten Sie sich mit der Bedeutung und den Einsatzmöglichkeiten der 38 Blüten beschäftigen. Ich kann Ihnen zu diesem Zweck das von mir entwickelte Bachblüten-Farbkarten-Set (siehe Anhang) empfehlen. Es besteht aus insgesamt 77 Karten: aus 38 Grundkarten, die einzelne Bachblüten und ihre Wirkungs- und Anwendungsmöglichkeiten vorstellen, und aus 39 weiteren Meditationskarten, die Affirmationen und passende Meditationsfarben den einzelnen Bachblüten zuordnen.

Wenn Sie die einzelnen Blüten kennen gelernt haben, benutzen Sie eine Pendelkarte, auf der die Bachblüten aufgeführt sind. Oder breiten Sie die Karten des Bachblüten-Sets im Kreis vor sich aus. Nun pendeln Sie die Blütenessenz oder eine Mischung mit der Frage aus: »Welche Bachblüten sind für mich jetzt gut?«

Sie können übrigens Bachblüten-Essenzen in Deutschland in guten Apotheken erhalten.

Finden Sie mit Hilfe Ihres Pendels heraus, welche Blüten für Sie heilsam und hilfreich sind, und genießen Sie anschließend deren wohltuende Wirkung.

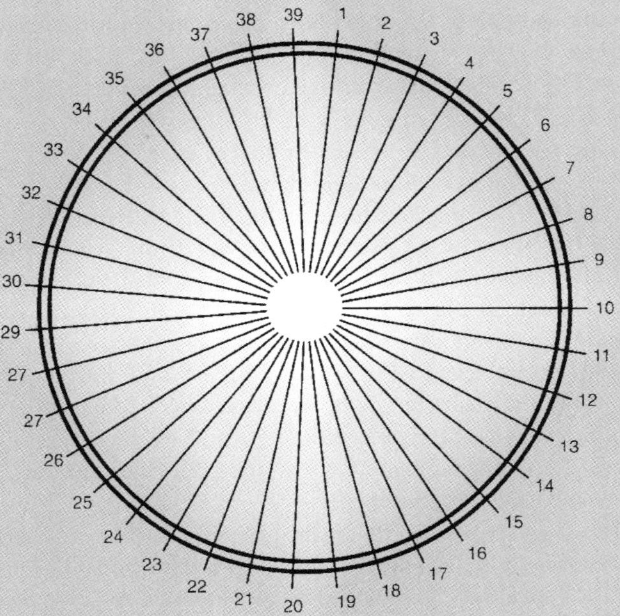

Abb. 5: Die Bachblüten-Pendelkarte

1 Agrimony
2 Aspen
3 Beech
4 Centaury
5 Cerato
6 Cherry Plum
7 Chestnut Bud
8 Cicory
9 Clematis
10 Crab Apple
11 Elch
12 Gentian
13 Gorse
14 Heather
15 Holly
16 Honeysuckle
17 Hornbeam
18 Impatiens
19 Larch
20 Mimulus
21 Mustard
22 Oak
23 Olive
24 Pine
25 Red Chestnur
26 Rock Rose
27 Rock Water
28 Skleranthus
29 Star of Bethlehem
30 Sweet Chestnut
31 Vervain
32 Vine
33 Walnut
34 Water Violet
35 White Chestnut
36 Wild Oat
37 Wild Rose
38 Willow
39 Rescue Remedy

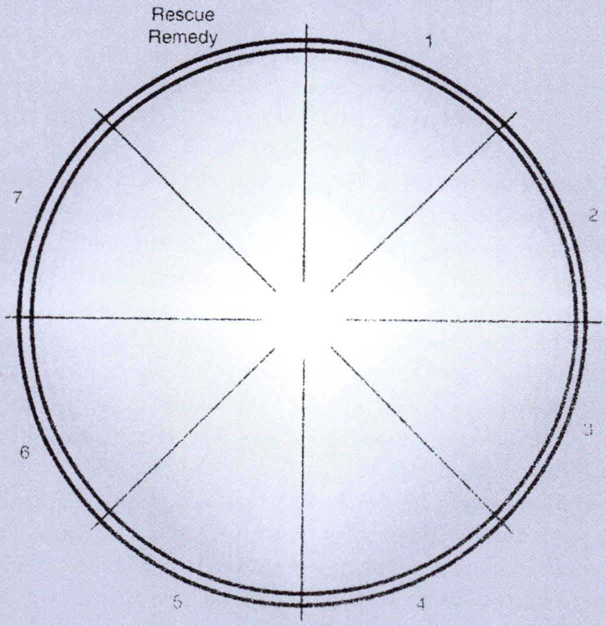

Abb. 6: Bachblüten-Gruppen

Gruppe 1: Angst – Heilfarbe Gelb
Gruppe 2: Unsicherheit – Heilfarben Rot und Grün
Gruppe 3: Mangelndes Gegenwartsinteresse – Heilfarben Gold oder Türkis
Gruppe 4: Einsamkeit – Heilfarben Grün oder Rosa
Gruppe 5: Überempfindlichkeit – Heilfarben Blau und Orange
Gruppe 6: Hilflosigkeit und Verzweiflung – Heilfarben Orange und Violett
Gruppe 7: Übertriebene Fürsorge – Heilfarbe Grün

Pendeln über der Farbenkarte

Was für die Schwingungen von Heilpflanzen gilt, ist in noch deutlicherem Maße für die Wirkung von Farben gültig. Farbe ist sichtbare Lichtschwingung und eignet sich besonders zum Ausgleich von disharmonischen Schwingungen. Farbe stellt eine Verbindung her zwischen dem direkt spürbaren körperlichen und emotionalen Befinden und dem unsichtbaren Bereich feinstofflicher Strahlungen.

Denken Sie doch nur einmal an die unterschiedliche Wirkung, die Farben auf Sie haben: Können Sie sich vorstellen, dass Sie in einem vollkommen rot ausgemalten Raum Angst- und Schwindelgefühle bekommen? Empfinden Sie Grün als eine positive Farbe, und hat Sie schon einmal auf einer Sommerwiese oder in einem lichten Wald das Gefühl überfallen, dass Sie mit der Natur in Harmonie sind? Was fühlen Sie bei der Vorstellung einer grauen Betonhochhaussiedlung an einem grauen Regentag?

Unsere subjektiven Eindrücke von Farben und unsere Reaktionen darauf sind durch ästhetische Konventionen und vorübergehende Modeerscheinungen geprägt. In viel stärkerem Maße jedoch spiegeln sie unsere körperlichen, geistigen und seelischen Bedürfnisse wider. Farben gibt es in unserem Körper, unsere Chakren sind unterschiedlich gefärbt, was wiederum auf die Farben unserer Aura Einfluss hat (zur Bedeutung von Chakren und Aura siehe S. 97-103). Wenn die Farbharmonien unseres Körpers gestört werden, ist es wichtig herauszufinden, welche Farben uns fehlen. Diese kann man gezielt als Heil- oder Therapiefarben einsetzen, wobei die Methoden von Farbenwahl im Alltagsgebrauch – Kleidung, Einrichtungsgegenstände, Schmuck, Nahrungsmittel – bis hin zu gezielter Farbmeditation, Farbbestrahlung und Farbakupunktur reichen. In meiner homöopathischen Praxis habe ich ganz erstaunliche Erfolge mit Farbtherapie gemacht, etwa durch Bestrahlungen mit der Farbe Rot auf entsprechende Körperpunkte Darmträgheit, Nierenstauungen und Verstopfung der Nase beseitigt, mit Grün Stimmungsschwankungen, Gallebeschwerden und extreme Überempfindlichkeit harmonisiert

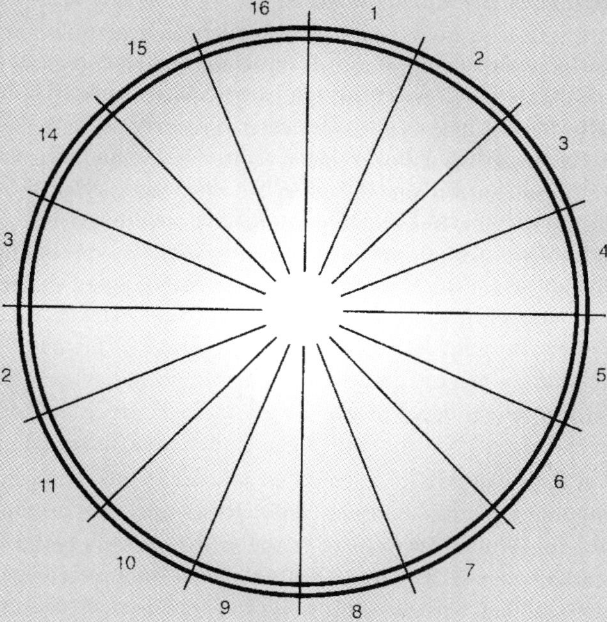

Abb. 7: Die Farben-Karte

1 rot
2 orange
3 gelb
4 lemon
5 grün
6 türkis
7 blau
8 indigo
9 violett
10 rosa
11 magenta
12 pupur
13 apricot
14 weiß
15 silber
16 gold

und entzündliche Krankheitsprozesse geheilt oder mit Blaubestrahlungen Blutdruck gesenkt, nervöse Hautallergien geheilt und Schlaflosigkeit beseitigt, um hier nur einen Bruchteil von Heilmöglichkeiten durch Farbtherapie zu erwähnen (siehe »Farben deiner Seele«).

Finden Sie mit dem Pendel über einer Farben-Pendelkarte heraus, welche Farben Sie zur Zeit benötigen, um zu innerem Gleichgewicht und Harmonie zu kommen. Stellen Sie die Frage: »Welche Farbe brauche ich?« Diese Pendelübung können Sie täglich machen, denn unsere Farbbedürfnisse sind nicht konstant, sie wechseln ständig, da sie abhängig sind von den vielfältigen Schwingungen, denen wir tagtäglich ausgesetzt sind.

Pendeln über der Edelstein-Karte

Wie von Farben und Bachblüten gehen von Edelsteinen feinstoffliche Schwingungen aus, die enorme Heilkraft besitzen. Ein bestimmter Stein auf eine Wunde oder eine schmerzende Körperstelle gelegt, kann eine starke heilende Wirkung ausüben. Auch bei psychischer und seelischer Labilität verhelfen uns bestimmte Steine zu Ausgeglichenheit und innerlicher Versenkung. Sie nehmen negative Schwingungen in sich auf, wobei wir gleichzeitig von diesen befreit werden, und die Steine teilen uns ihre eigenen Schwingungen mit, die unserem Organismus und unserer Seele guttun. Schon seit altersher werden Steine verschiedenen Sternzeichen zugeordnet, das heißt, dass bestimmte Steine bestimmten Menschen ganz besonders wertvolle Energien übermitteln können (Abb. 9).

Wenn Sie die Erfahrung gemacht haben, dass eines oder mehrere Ihrer Chakren Kräftigung und Unterstützung braucht, legen Sie sich einen Edelstein auf die entsprechende Körperstelle, der mit der Grundfarbe des jeweiligen Chakras übereinstimmt (genauere Informationen zu Aura und Chakren entnehmen Sie bitte dem Abschnitt über »Auramessung«).

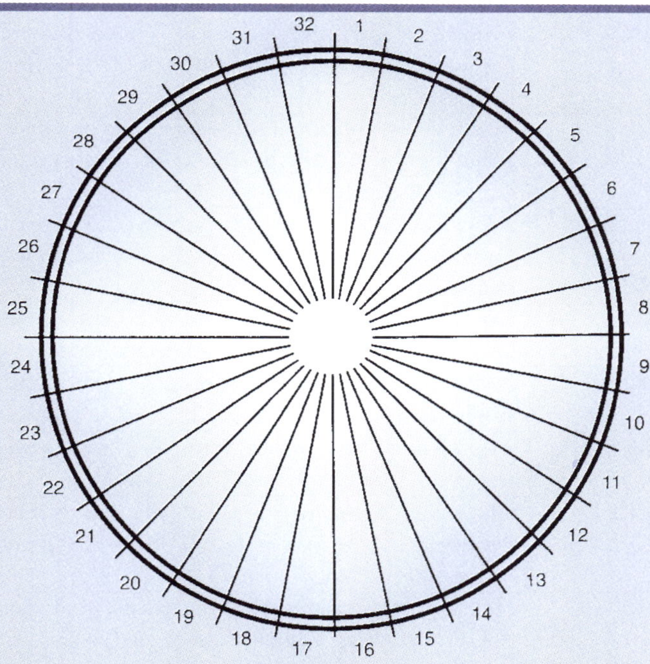

Abb. 8: Die Edelstein-Karte

1 Achat
2 Amethyst
3 Aquamarin
4 Aventurin
5 Azurit
6 Bernstein
7 Chalzedon
8 Chrysolkoll
9 Diamant
10 Hämatit
11 Jade
12 Jaspis
13 Karneol
14 Koralle
15 Kristall
16 Lapislazuli
17 Malachit
18 Mondstein
19 Obsidian
20 Opal
21 Peridot
22 Perle
23 Rosenquarz
24 Rauchquarz
25 Rubin
26 Saphir
27 Smaragd
28 Sugalith
29 Tigerauge
30 Topas
31 Türkis
32 Turmalin

Widder:	Hämatit, roter Jaspis und Blutjaspis, roter Karneol, Feueropal, Granat, Amethyst, Rubin, roter Turmalin, Diamant
Stier:	Achat, Aventurin, bräunlich-gelber Zitrin, Moosachat, braunrote Koralle, Malachit, Rosenquarz, Chrysokoll, Saphir, Smaragd
Zwillinge:	gelber Karneol, Tigerauge, Bernstein, Zitrin, Goldtopas, Moosachat, blau-weißer Chalcedon, Aquamarin, Bergkristall
Krebs:	Jaspis, Aventurin, Koralle, Jade, Karneol, weißer Chalcedon, Opal, Mondstein, Smaragd, Perle
Löwe:	Bernstein, Tigerauge, Granat, Zitrin, Goldtopas, Rubin, Bergkristall, Diamant
Jungfrau:	Jaspis, Tigerauge, Sodalith, Karneol, Bernstein, Zitrin, Lapislazuli, Amethyst, blauer Saphir
Waage:	Chrysokoll, Jaspis, rosa Koralle, Jade, Rosenquarz, Perle, Aquamarin, rosa Turmalin, blauer Saphir und Sternsaphir, Kunzit
Skorpion:	Hämatit, roter Jaspis und Blutjaspis, Malachit, Achat, Obsidian, Granat, schwarzer Opal, Amethyst, roter und schwarzer Turmalin, Rubin
Schütze:	Sodalith, Chrysokoll, grüner Aventurin, Chalcedon, Obsidian, Amethyst, Opal, Lapislazuli, blauer Topas, dunkelblauer Saphir
Steinbock:	Jaspis, Mondstein, Obsidian, schwarze Perle, grüner und schwarzer Turmalin, Rauchquarz, Bergkristall, Diamant
Wassermann:	Türkis, Chrysokoll, Opal, blauer Topas, Aquamarin, hellblauer Fluorit, hellblauer Saphir
Fische:	Koralle, Türkis, Jade, Mondstein, Perle, Opal, violetter Fluorit, Aquamarin, blauer Saphir, Amethyst, Kunzit

Abb. 9: Zuordnung der Edelsteine zu Tierkreiszeichen

Auf das erste Chakra oder Energiezentrum (Wurzelchakra) legen Sie schwarze und rote Steine, darüber hinaus wirken Achat und Jaspis anregend.

Das zweite Chakra oder Energiezentrum (Sexualchakra) lässt sich mit orangefarbenen Steinen sowie mit Perlen, Mondstein und weißem Chalcedon stärken.

Das dritte Chakra oder Energiezentrum (Solarplexus) benötigt gelbe und goldgelbe Steine.

Das vierte Chakra oder Energiezentrum (Herzchakra) wird durch rosafarbene und grüne Steine unterstützt.

Das fünfte Chakra oder Energiezentrum (Kehlkopfchakra) benötigt türkisfarbene Steine zur Stärkung.

Das sechste Chakra oder Energiezentrum (Drittes Auge) kräftigen Sie mit der Wirkung von dunkelblauen und violetten Steinen.

Das siebte Chakra oder Energiezentrum (Scheitelzentrum) bezieht Stärkung aus violetten und klaren, farblosen Steinen.

Sie können Steine auch gegen Krankheiten und Unwohlgefühle einsetzen. Leiden Sie allgemein unter verschiedenen Ängsten, sollten Sie Edelsteine wie Rubin, Goldtopas, Amethyst, Zitrin oder Kunzit tragen. Bei spezieller Angst vor Dunkelheit hilft der Opal.

In Phasen, in denen Sie zur Depression neigen, sich allgemein unglücklich, wertlos, desinteressiert fühlen, können Sie aus einer Reihe von Edelsteinen auswählen. Probieren Sie aus, welcher Stein Ihnen in Ihrer persönlichen Situation am besten hilft: Lapislazuli, Aquamarin, Goldtopas, Granat, Zitrin, Chalcedon, Spinell, Selenit, Koralle, Rhodochrosit oder Jade.

Bei Eifersucht helfen Peridot, Apophylith und schwarzer Turmalin, und falls Sie (oder Ihre Partnerin) zur Untreue neigen, sollten Sie sich (oder ihr) einen Königstopas, einen Rubin oder einen blauen Saphir schenken.

Haben Sie Probleme, weil Sie merken, dass Ihre Liebe zur Partnerin nachlässt, sollten sie sich mit einem rosafarbenen Saphir, Rosenquarz, Rhodonit oder Rhodochrosit versehen, bei Liebeskummer eignen sich Malachit und Rosenquarz.

Bei sexueller Übererregbarkeit unterstützt die Wirkung des blauen Spinell eine ausgewogene Libido. Leiden Sie hingegen darunter, dass Ihre Libido zu schwach ist und Sie wenig Lust auf Geschlechtsverkehr haben, können Sie Ihren Geschlechtstrieb mit der Wirkung von Granat und Rubin stärken. Granat ist darüber hinaus der geeignete Stein, um eine Erkrankung der Geschlechtsorgane zu bekämpfen. Bei Sterilität versuchen Sie die Wirkungen der roten Koralle, des Mondsteins und des orangefarbenen Saphirs.

Allgemeinen Hormonstörungen begegnen Sie mit Bernstein, Chrysokoll und Mondstein und speziell Hautunreinheiten mit Zitrin, Saphir, Amethyst, wobei wiederum Pickel sich mit dem Saphir bekämpfen lassen. Außerdem sind bei Haarproblemen Onyx, Lapislazuli, Aventurin und Achat günstig.

Bei Alkoholproblemen sowie bei einem Alkoholrausch hilft der Amethyst.

Dem Schlaganfall können Sie mit Hilfe des Lapislazuli vorbeugen beziehungsweise seine Auswirkungen mildern.

Königstopas, Verdit, Granat und Karneol sind Steine, die Sie bei Impotenz wirkungsvoll einsetzen können. Prostatabeschwerden begegnen Sie am nachhaltigsten mit dem Achat.

Haben Sie gelegentlich den Eindruck, zu häufig von negativen Gedanken beherrscht zu sein? In diesem Fall empfehle ich die Wirkung von Turmalin, Lapislazuli, Zitrin und weißer Koralle; bei Pessimismus eignet sich besonders der Saphir.

Die voranstehenden Empfehlungen stellen nur eine kleine Auswahl aus dem breiten Spektrum der Einsatzmöglichkeiten von Steinen dar und sollen Ihnen einen Einblick in die Vielfalt der Heilmethoden geben.

Finden Sie mit dem Pendel für sich heraus, welcher Stein Ihnen die Energien vermitteln kann, derer Sie augenblicklich bedürfen. Benutzen Sie dazu die Pendelkarte, und fragen Sie: »Welcher Edelstein ist gut für mich?«

Übrigens kann man viele der genannten Steine in Mineralienhandlungen erstehen, ohne dafür ein Vermögen ausgeben zu müssen. Sehen Sie sich dort einmal um, und lassen Sie verschiedene Steine auf sich wirken. Vielleicht gefällt Ihnen einer spontan ganz besonders. Nehmen Sie ihn mit, er bringt Ihnen Glück!

Noch einmal möchte ich an dieser Stelle dringend darauf hinweisen, dass Sie Ihren Stein regelmäßig unter fließendem Wasser reinigen, besonders wenn Sie ihn zum Heilen benutzt haben und er negative Schwingungen gespeichert hat. Verleihen Sie Ihren Stein nicht, und benutzen Sie auch nicht die Steine anderer.

Die Pendelkarte der Schüssler-Salze

Die nach ihrem Entdecker Dr. med. Wilhelm Heinrich Schüssler benannten »Schüssler-Salze« sind zwölf verschiedene homöopathische Mineralsalze, so genannte Lebenssalze. Ihre Wirkung beruht darauf, die Körperzellen dazu anzuregen, jene Stoffe zu produzieren, die zur körperlichen und geistigen Gesundheit notwendig sind. Bei dieser Lebenssalztherapie geht es also nicht darum, dem Körper verbrauchte Stoffe zuzufügen, sondern den körpereigenen Zellen den Auftrag zu geben, im komplexen Zusammenspiel des Stoffwechselprozesses lebenswichtige Mineralien aus den Lebensmitteln herauszulösen und zu verwerten. Diese Fähigkeit kann der Körper manchmal verlieren, wenn die Ernährung über einen langen Zeitraum hinweg mangelhaft war, wenn man unter einer gravierenden Krankheit leidet oder auch, wenn die Seele ihre Harmonie verloren hat.

Im Folgenden möchte ich Ihnen eine kurze Übersicht über die Schüssler-Salze geben, wobei ich aus Platzgründen ihre vielfältigen Anwendungsbereiche nur auszugsweise nennen kann. Zur ausführlichen Darstellung der Lebenssalze siehe das Buch »Die richtige Schwingung heilt«.

1. Calcium fluoratum D12

Dieses Salz erhält die Elastizität des Körpers in all seinen Bereichen, beruhigt die Schilddrüse und fördert die Zahnbildung, weshalb es bereits während der Schwangerschaft von der Mutter eingenommen werden sollte. Eingesetzt wird es unter anderem bei Knochenbrüchen, Schwellungen, Bänderzerrungen, Krampfadern, spröden Fingernägeln und Haaren, Husten, Zahnschmerzen und Karies, bei Hämorrhoiden, Gerstenkorn und Arterienverkalkung.

Der Mangel an diesem Salz zeigt sich äußerlich durch eine glänzende, leicht gelblich wirkende Stirn, durch Würfelfalten am Oberlid sowie am unteren Augenlid und an der Innenseite zur Nase.

2. Calcium phosphoricum D6

Dieses Salz ist ein wichtiges Regenerations- und Rekonvaleszenzmittel. Als Hauptbestandteil der Knochen trägt es zu deren Festigung und Erhärtung bei. Es ist der Hauptzellbildner bei allen Prozessen der Neubildung und des Wiederaufbaus. Calcium phosphoricum D6 fördert darüber hinaus die Blutbildung, die Salzsäurebildung im Magen, es bindet Eiweiß, aktiviert den Kreislauf und Stoffwechsel und hat allgemein eine beruhigende Wirkung auf die Nerven.

Entsprechend wird es z.B. bei Knochenschwäche eingesetzt, ebenso bei Durchblutungsstörungen, Muskelkrämpfen im Wachstum, Taubheitsgefühl der Muskeln sowie Krämpfen und Kribbeln, bei Herzmuskelschwäche, Herzklopfen und Herzschlagbeschleunigung, Blutarmut (zusammen mit Ferrum phos.), Erschöpfungszuständen, Appetitlosigkeit, Allergien, Gicht, Rheuma und Arthrosen, Nasenbluten, Unruhe, Abmagerung, u.a.

Zu erkennen ist ein Mangel an Calcium phos. durch gelblichweiße Ohren und Nase und ein hell durchscheinendes Wachspuppengesicht.

3. Ferrum phosphoricum D12

Als Hauptmittel zur Blutbildung und gegen beginnende (fieberhafte) Entzündungen und daraus entstehendem Blutandrang, Erkältungskrankheiten und Infektionsanfälligkeit sowie als erstes Mittel bei Blutungen, Verletzungen und frischen Wunden wird dieses Salz bei niedrigem Blutdruck ebenso eingesetzt wie bei Sauerstoffmangelerscheinungen, Muskelermüdungen und -kater, Durchfall, Schüttelfrost und dem typischen Eisenmangelkopfschmerz, bei dem man sich nicht bewegen sollte.

Äußerliche Anzeichen sind Hohläugigkeit, die sich besonders an den Augeninnenwinkeln bemerkbar macht, und eine deutliche Gesichtsröte, die die Nase ausspart.

4. Kalium chloratum D6

Dieses Salz ist ein Entgiftungsmittel, das insbesondere die Ausscheidung von Impf-, Arznei-, Atem-, Narkose- und Nahrungsmittelgiften aus dem Körper reguliert. Auf die Schleimhäute wirkt es regulierend.

Kalium chlor. hilft unter anderem bei niedrigem Blutzucker, Kallusbildung der Knochen (zusätzlich zu Calc. phos.), Drüsen- und Lymphknotenschwellungen, Lungen- und Rippenfellentzündung, Sehnenscheidenentzündung, Polypenbildung, Masern und Mumps, Blutverdickung, bei allen Schleimhautaffektionen in Nase, Mund, Magen und Darm, bei mit Blutwasser gefüllten Bläschen, Warzenbildung, wildem Fleisch und katarrhalischen Erkrankungen jeder Art.

Eine Einnahme dieses Salzes sollte dann verabreicht werden, wenn schon äußerlich ein »milchiges« Gesicht und besonders an den unteren Augenlidern vorherrschendes bläuliches Weiß den Mangel anzeigen.

5. Kalium phosphoricum D6

Als stark wirkendes Nervenmittel regt dieses Salz den Sympathikusnerv an, hebt den Tonus, fördert die Zellregeneration und ist für Denk- und Nervenfunktionen unerlässlich. Außerdem wirkt es antiseptisch und baut Stoffwechselgifte ab. Somit hält es den Gewebszerfall auf. Bei Fieber ab 38,5 Grad sollte es alle drei Minuten in Tablettenform verabreicht werden. Bei Fieber von über 40 Grad hilft es häufig binnen 20 Minuten deutlich.

Kalium phos. wird verabreicht gegen Blutvergiftung, faulige Wunden, Zahnfleischbluten, Mundfäule, übelriechenden Stuhl, überhaupt bei übelriechenden Ausscheidungen aller Art, etwa auch bei Fußschweiß; außerdem bei Nerven- und Herzmuskelschwäche, Nervosität, Neurasthenie, Ängstlichkeit, Herabminderung der geistig-seelischen und körperlichen Fähigkeiten, etwa bei Denkversagen und vorübergehender Gedächtnisschwäche.

Äußerliche Anzeichen sind ein deutlich erkennbarer kranker Gesichtsausdruck mit aschfahler Gesichtshaut, eingefallenen Schläfen und früh ergrauten Haaren, besonders an den Schläfen.

6. Kalium sulfuricum D6

Neben der Anregung der Lebertätigkeit und als Stoffwechselregulator ist dieses Salz ebenfalls für Entzündungsprozesse und zusammen mit Ferrum phos. für den Sauerstofftransport zuständig.

Es hilft bei chronischen Entzündungen, Hautaffektionen wie Neurodermitis, Warzen und Ekzemen, eiternden Augenentzündungen, Nasen-, Nebenhöhlen- Mittelohrerkrankungen, Benommenheit und Unlust, Magendruck- und Völlegefühl, Leberleiden und anderen Beschwerden.

Den Menschen, der dieses Lebenssalz benötigt, erkennt man an einer braungelben Gesichtsfärbung, Sommersprossen und einer unregelmäßigen Pigmentierung.

7. Magnesium phosphoricum D6

Dieses Mittel setzt man bei Schmerzen, Krämpfen und Koliken ein. Neben Calc. fluor. und Cal. phos. ist es gut für den Knochenaufbau und schützt vor Brüchen. Es senkt den Cholesterinspiegel, steuert das gesamte vegetative Nervensystem, also auch Herz, Kreislauf, Stoffwechsel sowie das Drüsensystem.

Entsprechend groß ist die Einsatzbreite dieses Salzes, das z.B. verabreicht wird bei Schmerzen aller Art, Drüsenerkrankungen wie an der Leber, Milz, Schilddrüse, den Lymphdrüsen sowie den innersekretorischen Drüsen; bei innerer Unruhe, etwa Lampenfieber, Examensangst und Reisefieber; bei Herzinfarkt, Herzrhythmusstörungen, Angina pectoris, vegetativer Dystonie, Darmbeschwerden aufgrund gestauter Gase und zu geringer Darmperistaltik, bei hormonellen Störungen, bei Asthmaanfällen, Neuralgien. Es hilft auch gegen das Bedürfnis nach Genuss- und Suchtmitteln sowie gegen beschleunigtes Altern.

Zu erkennen ist der Mangel an Magnesium phos. an der typischen hellroten Magnesiumröte auf den Wangen.

8. Natrium chloratum D6

Dieses Salz reguliert den Flüssigkeitsstoffwechsel im Körper, wirkt wasseranziehend, schleimstoffbildend und ist an der Zellerneuerung sowie der Blutbildung beteiligt.

Als hilfreich erwiesen hat es sich bei der Bildung von Gelenkschmiere, der Giftausscheidung aus dem Körper, bei offenen Beinen, rissigen Lippen, Brandblasen, Bandscheibenschäden, trockener Zunge, salzig schmeckendem Nachtschweiß, salzigem Mundgeschmack, brennendem Durst durch Kochsalzschäden,

Müdigkeit und Mattigkeit, feuchten Händen und bei vielen anderen Symptomen mehr.

Äußeres Anzeichen für den Bedarf an Natrium chlor. ist ein wässrig gedunsenes, glänzendes Gesicht mit schmierigen Lidrandstreifen.

9. Natrium phosphoricum D6

Als bluterhaltendes und den Fett- und Säurehaushalt regulierendes Mittel wirkt es sich positiv aus unter anderem auf den Harnsäurespiegel, bei Blasen-, Gallen- und Nierensteinen, Herzverfettung, rheumatischen Beschwerden, Fettleibigkeit, sauer riechendem Körpergeruch, unreiner Haut, erhöhtem Cholesterin- und Fettspiegel, großem Verlangen nach Süssigkeiten und bei Arterienverkalkung.

Zu erkennen gibt sich der Mangel an diesem Lebenssalz durch einen speckigen Fettglanz und Großporigkeit der Haut, Mitesser und Hängebacken.

10. Natrium sulfuricum D6

Dieses Salz reguliert die Schlackenstoffausscheidung und den Zuckerstoffwechsel und wirkt auf Galle, Dickdarm und Leber.

Eingesetzt wird es bei Stoffwechselstörungen, Leber- und Galleleiden, Gelbsucht, bei schneidenden Leibschmerzen, Benommenheit, Mattigkeit, Wasseransammlungen, Bettnässen, Hautjucken, Schweiß, der die Wäsche grün färbt, Diabetes, Akne, Durchblutungsstörungen, Frostschäden an Fingern, Nase, Ohren und Füßen und bei einer Reihe anderer Symptome.

Die äußerlichen Anzeichen bestehen in gelblichem Augenweiß, einer grünlich-gelben Gesichtsfarbe, besonders über der Oberlippe, an der Nasenwurzel und vor den Ohren, einer entzündlichen Röte auf der Nasenspitze sowie einer bläulich-roten Nase.

11. Silicea D12

Dieses Salz reguliert die Nervenfunktion, bindet Harnsäureablagerungen und führt sie über die Lymphe ab und bildet und festigt Bindegewebe.

Entsprechenden Einsatz findet es bei Bindegewebsschwäche, Untererernährung, allgemein schlechter Körperverfassung, Abgeschlafftheit am Morgen, schlaffer, spröder Haut, Haarausfall und -sprödigkeit, Zerstreutheit, gereizten Nerven, Licht- und Geräuschempfindlichkeit, Kopfschmerzen, unruhigem Schlaf, vorzeitigem Altern, Karzinomgefahr, zur Schweißregulierung und Schmerzlinderung und bei anderen Anlässen.

Zu erkennen ist ein Mensch, der dieses Salz benötigt, an vorzeitiger Faltenbildung, frühen Alterserscheinungen, tiefen Augenhöhlen und einem spiegelnden Glanz an Nasenspitze und zunehmend im ganzen Gesicht.

12. Calcium sulfuricum D6

Dieses Entgiftungsmittel stärkt ein geschwächtes Abwehrsystem.

Es hilft bei chronischem Schnupfen, Mittelohrentzündungen, chronischen Mandel- und anderen Entzündungen, Harnwegs-, Binde- und Hornhautentzündungen, bei chronischer Bronchitis und dem Verlangen nach Stimulation, das durch das geschwächte eigene Abwehrsystem bedingt ist.

Wenn Sie ermitteln wollen, ob Ihr Körper eines oder mehrere dieser Lebenssalze braucht, fragen Sie zunächst mit der Resonanzpendelmethode (siehe S. 113): »Benötige ich ein bestimmtes Lebenssalz?« Lautet die Antwort »ja«, benutzen Sie die Pendelkarte, auf der die zwölf Schüssler-Salze enthalten sind, und fragen Sie: »Welches Lebenssalz brauche ich?«

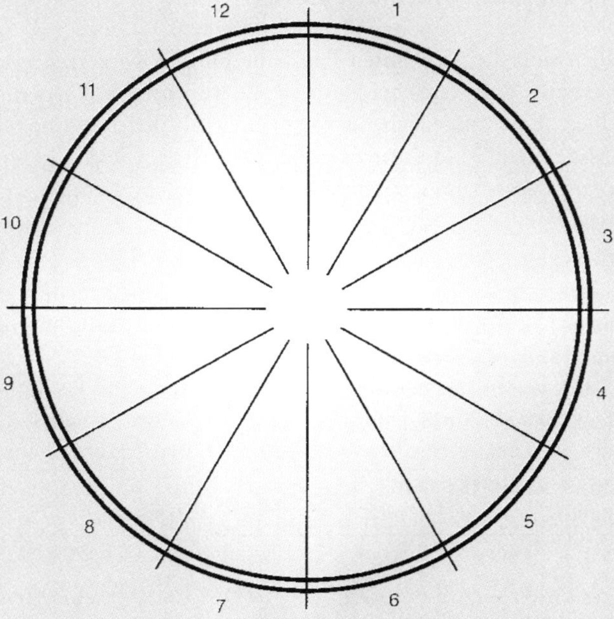

Abb. 10: Pendelkarte der Schüssler-Salze

1 Calcium fluoratum D12
2 Calcium phos D6
3 Ferrum phos D12
4 Kalium chloratum D6
5 Kalium phos D6
6 Kalium sulf D6
7 Magnesium phos D6
8 Matrium chloratum D6
9 Natrium phos D6
10 Natrium sulf D6
11 Silicea D12
12 Calcium sulf D6

Pendeln über der Mineralien-Karte

Mineralien sind die wichtigsten Bausteine für alle Körperzellen und spielen somit eine entscheidende Rolle für unsere körperliche Gesundheit. Eine ausgeglichene Versorgung mit den lebensnotwendigen Mineralien ist mindestens ebenso wichtig wie die gesunde Zufuhr von Lebenssalzen, Vitaminen und anderen Stoffen.

Zu den Mineralien gehören:

Calcium, das Kraft und Energie, Entscheidungsfähigkeit und gedankliche Leistungen fördert und bei Osteoporose, Arthritis und Rheumatismus verabreicht wird.

Zink, als Komponente für Insulin, zur Verarbeitung der Vitamine, für Haut, Nägel und Haare und schnelle Heilung von Verletzungen;

Chrom, wichtig für den Glukose-Stoffwechsel und somit ein entscheidender Faktor bei der Behandlung von Diabetes;

Eisen, um Sauerstoff über den Blutkreislauf zu transportieren, Nerven, Muskeln und Blut zu stärken und den Organismus vor Umweltgiften zu schützen;

Natrium, zur Regulierung der Körperflüssigkeiten und des Magensaftes. Allerdings wird heutzutage häufig eher zu viel Natrium (Salz) aufgenommen;

Kalium, das ein wichtiges Mineral für Herz- und Wachstumsfunktionen sowie zur Erneuerung der Muskeln, Knochen und des Gewebes ist;

Mangan, ein die Enzyme aktivierendes und Haut, Knorpel, Sehnen und Knochen stärkendes Element, auch Gehirn- und Nervennahrung;

Kupfer, zuständig für die Eisenaufnahme im Körper, den RNA-Aufbau in den Zellen sowie das Knochenwachstum;

Jod, wichtiges Element für die Schilddrüsenfunktion, Stoffwechsel und Energiehaushalt des Körpers;

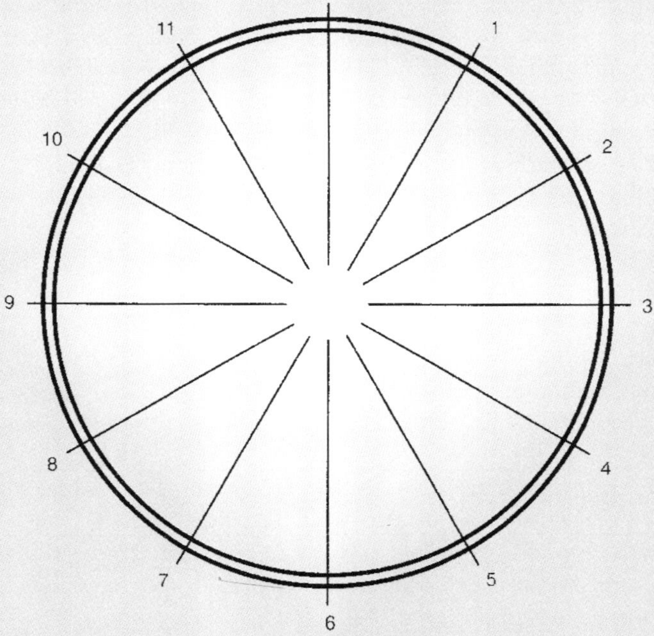

Abb. 11: Mineralien-Karte

1 Calcium
2 Zink
3 Chrom
4 Eisen
5 Natrium
6 Kalium
7 Mangan
8 Kupfer
9 Jod
10 Phosphor
11 Selen

(siehe »Gesundes Leben aus Glaube, Liebe, Licht und Natur«, Heyne 1993)

Phosphor, zusammen mit Calcium ein Knochenbaustoff. Allerdings nehmen die meisten Menschen (in Süßigkeiten, Cola-Getränken, Limonaden und Fleisch) zu viel Phosphor zu sich, was zu Osteoporose, Vergesslichkeit, Reizbarkeit und Konzentrationsstörungen führen kann;

Selen ist Bestandteil eines Enzyms und stärkt das Herz und das Immunsystem. In zu hoher Dosierung ist es giftig und führt zu Haar- und Fingernägelausfall.

Erkunden Sie mit Hilfe Ihres Pendels, ob Ihnen ein wichtiges Mineral fehlt – und wenn ja, welches? Fragen Sie: »Welches Mineral benötige ich?«

Vitamine-Pendelkarte

Bei gesunder Lebensführung und in einer Umgebung, die relativ frei von Stress und Umweltbelastungen ist, brauchen wir dem Körper keine zusätzlichen Vitamine zuzuführen, da der Körper sie – im Gegensatz etwa zu den Mineralsalzen – selbst produziert. Allerdings gelten für die meisten Menschen nicht diese Optimalbedingungen, und die Zufuhr von Vitaminen wird spätestens dann erforderlich, wenn sich bereits erste Mangelerscheinungen bemerkbar machen. Das Pendel kann Ihnen helfen, Ihre persönliche Vitaminversorgung zu überprüfen. Fragen Sie Ihr Pendel zunächst, ob Ihr Körper Vitamine braucht (ja = Rechtskreis / nein = Linkskreis). Beschreibt das Pendel einen Rechtskreis, benutzen Sie die Vitamine-Pendelkarte, um herauszufinden, welches Vitamin Ihnen fehlt.

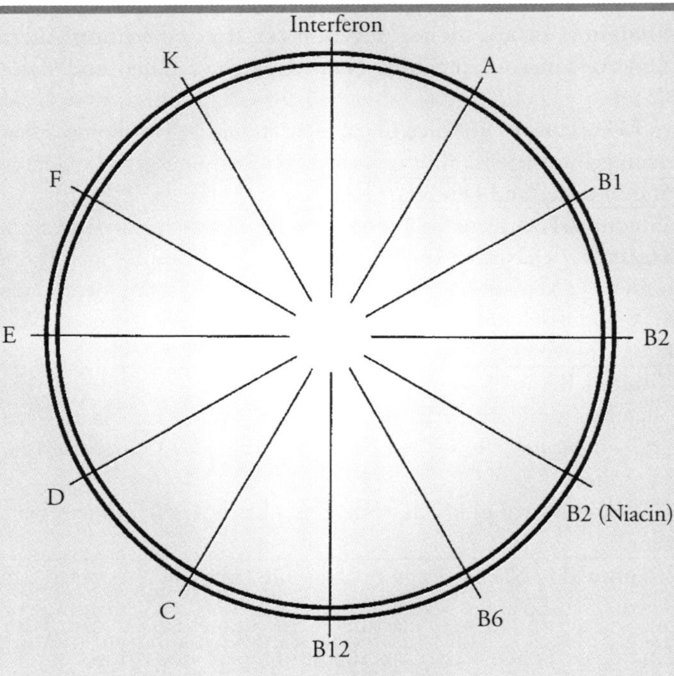

Abb. 12: Vitamine Karte

(siehe »Gesundes Leben aus Glaube, Liebe, Licht und Natur«, Heyne 1993)

Vitamin A ist gut für die Augen, wirkt gegen vorzeitiges Altern, zum Aufbau von Knochen, Haut, Haaren, Zähnen und Zahnfleisch.

Es kommt vor in Milch und Milchprodukten, Aprikosen, Pflaumen, gelben Äpfeln, Karotten sowie grünem und gelbem Gemüse und in Leber und Lebertran.

Vitamin B1 wird zur Erholung nach Krankheiten, von Stress und allgemein der Nerven benötigt. Es wirkt wachstumssteigernd und fördert die Verdauung. Erhöhter Bedarf besteht nach Operationen.

Vitamin B1 kommt vor in Milch, vielen Gemüsesorten, Vollkorn, Vollwertreis, Nüssen, Trockenhefe und Weizenkleie.

Vitamin B2 ist besonders wichtig bei Stress. Es wird zur Fortpflanzung und zum Wachstum benötigt, ist gut für Haare, Haut und Fingernägel sowie zur Heilung trockener Lippen und der Mundhöhle.

Es kommt vor in Milch, Hefe, Käse, Leber, Fisch, grünem Blattgemüse.

Vitamin B3 (Niacin) ist notwendig für Hirn und Nervensystem, für die Synthese der Sexualhormone und für den Verdauungsvorgang. Es beugt Migräne vor und reguliert Kreislauf, Blutdruck und Cholesterin.

In der Natur kommt es in Bierhefe, Vollkornprodukten, Avocados, Datteln, Feigen, Weizenkeimen, magerem weißem Fleisch, Fisch, Eiern und der Leber vor.

Vitamin B6 ist wichtig für die Aufnahme von Fett und Eiweiß und für die Herstellung von Magnesium im Körper, sowie von roten Blutkörperchen und Antikörpern.

Es kommt in Bierhefe, Milch, Kohl, Soja, Weizenkleie und -keimen, Eiern und der Zuckermelone vor.

Vitamin B12 benötigen besonders Alkoholiker und Vegetarier.

Es kommt vor in Milch, Käse, Nüssen, Eiern, Rindfleisch und in Leber.

Vitamin C steigert die körpereigene Abwehrkraft und hält fit. Es wird zur Heilung und zum Wachstum von Knochen, Zähnen, Zahnfleisch, Blutgefäßen und Zellen gebraucht.

In der Nahrung kommt es in Zitronen, Orangen, Beeren, allen grünen Blattgemüsen, Tomaten, Blumenkohl, Kartoffeln, Paprika, Petersilie und in besonders konzentrierter Form in der Acerola-Kirsche vor.

Vitamin D wird für Zähne, Haut und Knochen benötigt. Zur Bildung von Vitamin D ist Sonnenlicht gut.

In Milch, Milchprodukten und Lebertran ist viel Vitamin D enthalten.

Vitamin E stärkt die Durchblutung, unterstützt die Lunge und die Hautheilung, führt zu frischem Aussehen und hilft bei Störungen der Fruchtbarkeit.

Sie finden Vitamin E in Pflanzenöl, Vollkornprodukten, Eiern, Brokkoli, Rosenkohl, Spinat, Blattgemüse, Hafer und Eiern.

Vitamin F (Linolensäure) unterstützt gesunde Haut, Haare, Nägel und Zellen. Es verhindert Cholesterinablagerungen, regt die Drüsenfunktion an und schützt das Herz sowie den gesamten Organismus gegen Röntgenstrahlen.

Es ist in Pflanzenölen, Sonnenblumenkernen, Leinsamen, Soja, Erdnüssen, Nüssen (außer Cashew und Paranuss), Mandeln und Sonnenblumenkernen enthalten.

Die Pendelkarte der Männlichkeit

Die Rollenverteilung zwischen Männern und Frauen hat sich gerade in den letzten Jahren dramatisch verändert. Waren früher die jeweiligen Aufgaben klar festgelegt, so ist durch die Auflösung eindeutiger Definitionen auch eine unhinterfragbare Sicherheit – für Männer wie für Frauen – verloren gegangen. Ehemals gültige Zuordnungen von Kindern, Haushalt, Privatheit zur Frau und Beruf, Repräsentanz nach außen, Öffentlichkeit zum Mann gelten nicht mehr. Männer können ebenso das so genannte Erziehungsgeld nach der Geburt des Kindes beziehen wie Frauen. Frauen können aufgrund verbesserter Ausbildung ebenso ihre Familie materiell versorgen wie Männer. Solche Entwicklungen zu gleichwertigen, partnerschaftlichen Beziehungen sind erfreulich und für Männer wie für Frauen ein Fortschritt und eine Bereicherung. Aber sie bedeuten auch Umorientierung und die Notwendigkeit, neue Wege der Selbstdefinition zu finden. Sind wir nicht doch manchmal verunsichert und suchen verzweifelt die zur neuen Lebensform passenden Teile aus verschiedenen Geschlechtsrollen zusammen – auch wenn wir noch so sehr die Möglichkeit einer echten Partnerschaft begrüßen?

Viele Begegnungen mit Männern in meiner therapeutischen Praxis haben mir gezeigt, dass Verunsicherungen hinsichtlich des eigenen »männlichen« Verhaltens und der eigenen »Männlichkeit« bei einer großen Zahl von Männern zu Verkrampfungen führen, die sich auch körperlich niederschlagen und Krankheiten begünstigen.

Dabei wäre die Lösung für diesen Komplex eigentlich recht einfach, wenn man in erster Linie die Vorteile und vielfältigen Möglichkeiten der Rollenoffenheit wahrnimmt und nutzt. Ist es denn nicht umgekehrt eine große Erleichterung, dass die Umwelt von einem Mann nicht mehr erwartet, dass er ununterbrochen und dauerhaft der »Starke« ist? Spielen Sie doch einfach mit den unterschiedlichen Facetten, die das Mannsein bietet. Probieren Sie Verhaltensweisen aus, von denen Sie glauben, sie seien unmännlich. Sie werden überrascht sein, wie leicht dieses Spiel werden kann, wenn Sie sich darauf einlassen – und wie »erlaubt« viele Verhaltensweisen sind. Es kann psychologisch eine große Erleichterung darstellen, wenn man die Möglichkeit hat, verschiedene Aspekte des Selbstbildes zu leben. Kein Mensch stellt einen eindeutigen und unveränderlichen Typus dar, in jedem liegen vielfache Möglichkeiten. Das bedeutet, dass Sie sich durchaus mit der Rolle des »Starken« in Ihrer Familie wohl fühlen und gleichzeitig beim Sport die Rolle des Lernenden, im Beruf desjenigen, der kontrolliert wird, übernehmen. Oder Sie spielen sogar im selben Kontext mit Ihren Verhaltensweisen. Vermitteln Sie Ihrer Partnerin das Gefühl der Stärke und dass sie sich auf Sie verlassen kann. Wenn Sie ihr in bestimmten Situationen zeigen, dass Sie auch Momente der Schwäche und Verzagtheit erleben, ist das kein Widerspruch, sondern die Grundlage für eine tiefe, verständnisvolle Beziehung. Je mehr Möglichkeiten Sie leben können, desto stärker werden Sie als Persönlichkeit.

Machen Sie sich bewusst, welche Rolle Sie überwiegend spielen. Fühlen Sie sich in ihr wohl? Sehnen Sie sich nach anderen Verhaltensmöglichkeiten? Sie können auch die Pendelkarte der Männlichkeit benutzen, um zu erfahren, welchen Aspekt menschlicher Verhaltensmöglichkeiten Sie stärker darstellen wollen, um sich ausgeglichen und wohl zu fühlen.

Im Folgenden stelle ich Ihnen einige Männertypen vor. Finden Sie sich dort wieder? Finden Sie möglicherweise einen Typus beschrieben, den Sie in stärkerem Maße repräsentieren möchten? Fehlt Ihnen eine Darstellung männlichen Verhaltens? Wenn Letzteres zutrifft, ergänzen Sie bitte die Pendelkarte um weitere Aspekte.

Der Sensible

Der Sensible, manchmal abfällig und fälschlich »Softie« genannt, registriert feinste Nuancen des zwischenmenschlichen Miteinanders und reagiert häufig auch stark gefühlsmäßig darauf. Er ist ein geduldiger Partner, der gut zuhören kann und sich in seine Partnerin einfühlt.

Der sensible Liebhaber erkennt auch ohne große Erklärungen die erotischen Bedürfnisse der Frau und geht auf sie ein. Zärtlichkeit ist ihm wichtig. Die körperliche Vereinigung wird für ihn nur dann zu einem positiven Erlebnis, wenn er sich auch in geistiger und seelischer Übereinstimmung mit der Partnerin weiß.

Aber der Sensible ist auch verletzlich. Man muss ihm Respekt und Vertrauen entgegenbringen. Wird er von seiner Partnerin enttäuscht, zieht er sich zurück. Sein Vertrauen und seine Zuwendung muss man sich verdienen.

Der ewige Junge

In jedem Mann steckt der kleine Junge, der staunend die Welt betrachtet und sich vor allem über die Vielfalt der Spiele freut. Der kleine Junge im Mann hat sich über lange Jahre aus der Kindheit in die Erwachsenenwelt hinübergerettet. Er ist es, der sich über die Eisenbahn des Sohnes am meisten freut. Er ist ein Spieler und Tüftler. Er ist freigiebig und großzügig.

In der Partnerschaft erweist sich der Mann, der deutliche Züge des kleinen Jungen trägt, als liebevoll und liebenswert. Wird er mit Vorwürfen der Partnerin aufgrund seiner Zerstreutheit konfrontiert, ist er sofort in der Lage, diese als berechtigt anzuerkennen und sein Verhalten zu korrigieren – auch wenn das nicht lange vorhalten sollte.

Der Macho

Das bei uns mittlerweile geläufige Wort »Macho« stellt das Gegenteil des Sensiblen dar. Der Begriff bezeichnet im Spanischen ursprünglich das Männchen in der Tierwelt. Gebraucht wird er bei uns im Zusammenhang mit einem von seiner (vermeintlichen) Überlegenheit beseelten Männertypus, für den es normal ist, andere, besonders Frauen, nach seiner Pfeife tanzen zu lassen. Dabei kommt es ihm nicht einmal darauf an, dass die Dienste, die er von anderen erwartet, sinnvoll sind. Er ist einzig an der Machtausübung als solcher interessiert. Unterwerfung erwartet, notfalls erzwingt er in jeder Hinsicht, geistig wie körperlich und sexuell. Wird ihm der Gehorsam verweigert, scheut der Macho vor brutaler Gewalt nicht zurück. Sie gehört zu seinem Männerbild ebenso dazu wie Kampf gegen potenzielle Rivalen. In der Liebe ist der Macho ein Egoist. Er nimmt sich, was er braucht. Zärtlichkeit ist ihm eher peinlich.

Gerade weil die Rolle des Machos eine stark gesellschaftlich geprägte ist, umgibt sie ihn wie ein Korsett. Es erstaunt nicht, dass gerade der so genannte Macho am wenigsten damit umgehen kann, wenn seine männliche Rolle hinterfragt wird. Er erweist sich dann als labil und äußerst hilflos, was sich zumeist in zielloser Aggression äußert. Männer, die in ihrer Partnerschaft ein Leben lang das Sagen hatten, brechen am ehesten zusammen, wenn die Frau sich schließlich zu einer Trennung entschließt.

Der Macher

Zu diesem vorherrschend in männlicher Domäne anzutreffenden Typus zählen Männer, die gewohnt und in der Lage sind, Verantwortung zu übernehmen. Sie sind häufig Politiker, Richter, Manager. Ihr schnelles Erfassen von Zusammenhängen und effektives Reagieren darauf macht sie zu kompetenten Entscheidungsträgern in gesellschaftlich relevanten Bereichen.

Für eine Partnerschaft kann es sich jedoch als ungünstig erweisen, wenn der Mann, der beruflich erfolgreich Entscheidungskompetenzen ausübt, diese automatisch auch im Privatleben an sich zieht. Durch eine solche Rollenverteilung übernimmt der Mann einseitig die Verantwortung für Dinge, die eigentlich partnerschaftlich entschieden werden sollten, und drängt die Frau immer stärker in die Passivität und Unselbstständigkeit.

Auch als Liebhaber neigt der »Macher« dazu, Regie zu führen. Begegnet er einer Frau, die gewohnt ist, selbst die Initiative zu ergreifen, kommt es zu Missverständnissen und Zusammenstößen. Der Partnerschaft würde es hingegen sehr gut tun, wenn der Mann sich mehr gehenlassen könnte, anstatt sich sofort für alles verantwortlich zu fühlen. Bestimmte Entscheidungen zu delegieren kann für ihn eine entlastende, erleichternde und bereichernde Erfahrung sein, die er sich – und seiner Partnerin – ruhig gönnen sollte.

Der Kopfmensch

Er ist ein kühler Rationalist, der sich ausschließlich auf seinen Verstand verlässt. Die Welt der Zahlen und Fakten ist sein Bereich, für ihn einzig gültig und greifbar. Der Kopfmensch hält nichts von übertriebenen Gefühlen, geschweige denn Leidenschaften. Er bleibt nüchtern, wenn andere sich berauschen. Exzesse jeder Art sind ihm fremd. Er ist nicht lustfeindlich, aber er würde sein Leben durch nichts anderes als seinen kühlen Verstand leiten lassen. In dem Maße, wie er sich auf die rationale Seite seines Selbst verlässt und diese pflegt, ist er dem gefühlsmäßigen, intuitiven Bereich entfremdet. Er misstraut sowohl solchen Menschen, die sich auch mit Dingen außerhalb seiner engen, rational beherrschten Lebenssicht befassen, als auch seinen eigenen spontanen Impulsen.

In der Liebe bevorzugt er eine Partnerin, die ebenfalls nüchtern ist und ihn mit exzentrischen Gefühlsschwankungen verschont. Jedenfalls beharrt er in Auseinandersetzungen mit ihr grundsätzlich auf einer rationalen Position, die er nicht müde wird, argumentativ zu verteidigen.

Der Kopfmensch könnte sich sein Leben erleichtern, wenn er stärker seinen Fähigkeiten sinnlicher Wahrnehmung trauen würde.

Der Kavalier

Eine der ältesten kultivierten Männerrollen ist die des Kavaliers. Er ist der Nachfahr des Ritters, also ursprünglich desjenigen, der seine Liebe zur Frau sublimiert und sie ihr dadurch beweist, dass er Heldentaten einzig mit dem Ziel begeht, der Angebeteten die schönste Rose zu bringen.

Inzwischen haben sich die Kämpfe auf andere Felder verlagert: Männer imponieren Frauen dadurch, dass sie ihnen Schutz weniger aufgrund körperlicher Stärke und Tapferkeit anbieten, sondern durch beruflichen Erfolg und materielle Sicherheit. Der Kavalier beschützt die Frau vor Angriffen und Härten, er kann sie nicht leiden sehen und bemüht sich, ihr das Leben so angenehm wie möglich zu machen.

Hier ist übrigens nicht der Typ von Mann gemeint, der zwar aufspringt, um einer Frau aus dem Mantel zu helfen, aber ansonsten in einer Männerrunde recht unverhohlene Kommentare über ihre Beine und ihren Busen macht und letztlich wenig Respekt vor Frauen hat. Dem wirklichen Kavalier hingegen ist es ein natürliches Bedürfnis, die Frau(en) zu (be)schützen, vergleichbar dem Impuls, mit dem man kleine Kinder schützt.

Als Liebespartner ist der Kavalier sehr einfühlsam und kommt den Wünschen der Partnerin immer entgegen. Wegen seiner unbedingten Loyalität wirkt der Kavalier manchmal naiv und zu gutmütig, dann nämlich, wenn er eine Partnerin hat, die seine Eigenheiten ausnutzt. Hier ist er leicht wehrlos, denn zur Wehr setzt er sich normalerweise gerade nicht gegen die Frau, sondern gegen deren Bedränger. Der Kavalier sollte ruhig einen realistischeren und differenzierenden Blick für die einzelne Frauenpersönlichkeit entwickeln. Er würde ihr und letztlich auch sich selbst einen Gefallen damit tun.

Der Liebhaber

Der Frauenliebhaber ähnelt dem Kavalier nur eingeschränkt. Zwar lieben beide die Frauen. Aber beim Kavalier gibt es mehr respektvolle Distanz zur Frau, er bewundert sie und hat den Drang, sie zu beschützen. Der notorische Liebhaber hingegen liebt die Frauen besonders in ihrer Körperlichkeit. Jede Frau ist anders, hat ihre eigenen Rätsel, ihre eigene Art, sich hinzugeben, beziehungsweise eigene Regeln im Spiel der Liebeswerbung. Der Liebhaber möchte jede Frau und ihre Geheimnisse erforschen und genießen. Er wertet nicht, er sammelt.

Auch hier spreche ich nicht von dem Mann, der stolz ist auf seine Promiskuität und Frauen wie Trophäen sammelt, um damit prahlen zu können. Der wirkliche Frauenliebhaber ist geradezu besessen von den immer neuen Liebesbegegnungen. Er hat seiner Partnerin geschworen, ihr nun endlich treu zu bleiben. Er leidet mit ihr an seiner Untreue – und dennoch wird er immer wieder schwach. Seine Schwäche macht ihn selbst ganz unglücklich. Er möchte niemandem wehtun, schon gar nicht der Frau oder den Frauen, die er liebt.

In erotischen Belangen ist der Liebhaber erfahren und neugierig genug, sich völlig auf die Eigenarten der Partnerin einzulassen und ihr zu folgen. Er möchte ihre Freuden kennen lernen und sie mit ihr teilen. Er ist vielseitig und zu allem bereit, was ihn zu einem interessanten und reizvollen Partner macht. Allerdings ist er eine Gefahr für jedes ernsthaft liebende Frauenherz.

Benutzen Sie die Pendelkarte der Männlichkeit, um herauszufinden, welchen Aspekt des Mannseins Sie (zur Zeit) am deutlichsten repräsentieren: »Welcher Aspekt entspricht mir am meisten?«

Sie können mit dieser Karte andere Fragen stellen, die Ihnen bei Ihrer Selbstdefinition weiterhelfen, etwa: »Welchen Aspekt des Mannseins sollte ich mehr unterstützen?« oder »Mit welchem Aspekt des Mannseins habe ich Schwierigkeiten?« oder »Welchem Aspekt des Mannseins habe ich in meinem Leben einen zu großen Raum gelassen?« oder »Stelle ich einen Aspekt dar, der für mich nicht richtig ist?«

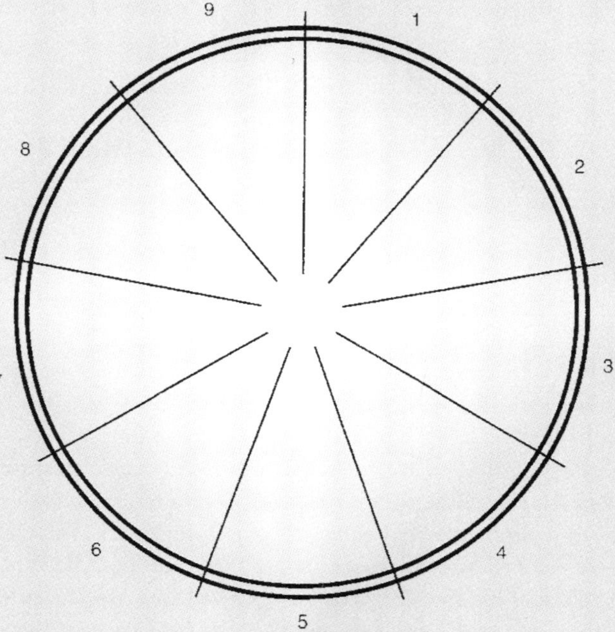

Abb. 13: Pendelkarte der Männlichkeit

1 Der Sensible
2 Der ewige Junge
3 Der Macho
4 Der Macher
5 Der Kopfmensch
6 Der Kavalier
7 Der Liebhaber
8 Fehlerfeld
9 Fehlerfeld

Die Männer-Pendelkarte

Immer wieder kommen Männer mit diffusen Beschwerden in meine Praxis, die unter so unterschiedlichen Problemen leiden wie Kreislauf- und Blutdruckproblemen, Vergesslichkeit, Depressionen und Migräne. In den meisten Fällen stellt sich sehr bald heraus, dass nicht organische Schäden, sondern seelische Ursachen dahinter stecken, die zumeist mit der eigenen Sexualität zu tun haben. In vielen Fällen sind die Männer unglücklich über eine nachlassende Libido oder eine nachlassende Potenz. Dies kann unterschiedliche Ursachen haben. Libidoschwankungen und Impotenz können durch hormonelle Veränderungen ausgelöst werden. Sie können aber auch – und das ist dann für den Mann der schwierigere Aspekt – in einem veränderten Selbstbild (Midlife-crisis), in einer veränderten Partnerschaft gründen. Es kann sein, dass der sexuelle Austausch in »eingefahrenen« Partnerschaften an Reiz verliert und abnimmt, auch wenn die Partner sich eigentlich noch lieben. Eine nachlassende Libido kann mit dem Tod der Partnerin oder einer Trennung einhergehen, mit einem schockartig erlebten Verlust. Sie kann schlicht eine Frage körperlicher Erschöpfung nach einem anstrengenden Arbeitstag sein. Und schließlich verbergen sich manchmal uneingestandene Gefühle wie nachlassende Liebe, eine veränderte kritischere Einstellung zur Partnerin, der unschöne Vergleich der eigenen Frau mit anderen, jüngeren und reizvolleren, Abneigung und Distanz hinter der fehlenden Lust am Sex.

Sexuelle Probleme bei Männern sind in vielen Fällen Folge von zu hohen Erwartungen, die sie an sich selbst und die Umwelt an sie stellen. Ununterbrochene Arbeit unter Zeitdruck, die dann auch noch vom Vorgesetzten mit einer abfälligen Bemerkung kommentiert wird; die ewig nörgelnde Ehefrau, die sich über den offensichtlich wachsenden Wohlstand der Nachbarn ärgert, während das eigene Gehalt nur mäßigen Zuwachs verzeichnet; und schließlich kommt für jeden Mann früher oder später der Zeitpunkt, an dem er erkennen muss, dass die eigene Lebensplanung nicht mehr offen ist für Veränderungen. Die Erkenntnis des »zu spät« wirkt für die meisten wie ein

Schock, von dem es schwer ist, sich zu erholen. Eine nicht seltene, allgemein bekannte Reaktion darauf ist die panikartige Flucht in ein Liebesabenteuer, meist mit einer jungen Frau, in denen die Männer verzweifelt den Spiegel der eigenen verlorenen Jugend suchen. Sobald sich in dieser neuen Beziehung für den Mann herausstellt, was seine verborgenen Motive, seine traurige Illusion waren, funktioniert das Verhältnis nicht mehr.

Nun ist der Bereich der Sexualität für viele Menschen immer noch kompliziert, und es fällt nicht leicht, die eigenen Motive zu erkennen. Tatsächlich reagieren fast alle Männer sehr beunruhigt auf nachlassende Potenz. Anstatt sich sachlich mit den Ursachen hierfür auseinander zu setzen, empfinden sie zunächst Peinlichkeit. Sie haben latent ein schlechtes Gewissen der Partnerin gegenüber und fühlen sich schuldig. Das Selbstbewusstsein wird erschüttert, was wiederum für die Partnerschaft nicht förderlich ist. So beginnt ein trauriger und völlig überflüssiger Kreislauf, der häufig zu körperlichen Beschwerden führt.

Versuchen Sie herauszufinden, woran es liegt, wenn Ihre Libido oder die Potenz nachlässt, und akzeptieren Sie Ihren Körper auch so. Unsere Körpersymptome sollten wir immer beachten – und in jedem Fall zu entziffern suchen.

Fragen Sie sich in aller Ruhe, wie es Ihnen geht. Sind Sie im Stress? Haben Sie berufliche Probleme? Werden Sie von einem Vorgesetzten oder Kollegen schlecht behandelt? Gibt es irgend jemanden in Ihrer Umgebung, der Ihnen unangenehm ist, ohne dass Sie wissen, warum? Könnte es sein, dass dieser Mensch in Ihnen bestimmte frühere Gefühle weckt? Assoziieren Sie, an wen oder welche Situation dieser Mensch Sie erinnert.

Empfinden Sie Ängste? Sind diese konkret und beziehen sich auf klare Problemstellungen, oder sind sie diffus? Wenn Sie sich vor etwas Undefinierbarem fürchten, überlegen Sie mit größtmöglicher Ehrlichkeit vor sich selbst, worin die Furcht gründen könnte: Liegt sie eher in überpersönlichen Dingen wie der Angst vor dem Tod, vor Alter und

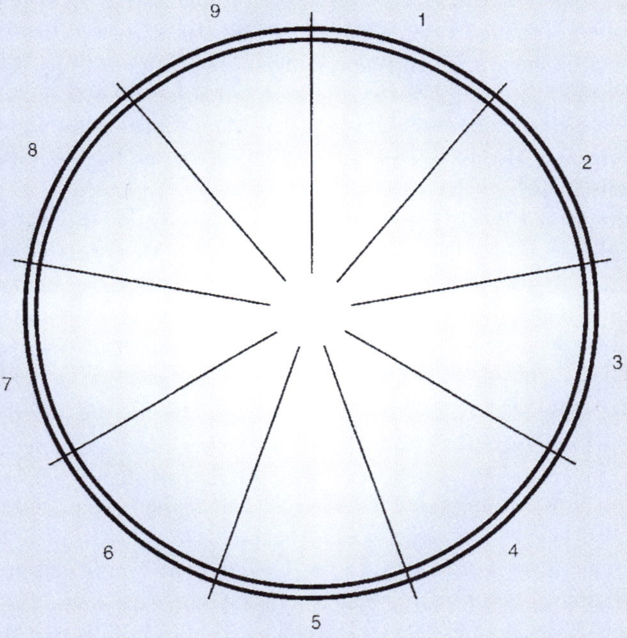

Abb. 14: Männer-Pendelkarte

1 Hormonstörungen
2 Nachlassende Liebe zum Partner
3 Müdigkeit
4 Überforderung
5 Langeweile beim immer gleichen Sex
6 Trauer wegen Verlustes
7 Depressionen
8 Anderes
9 Fehlerquelle

Krankheit, oder fürchten Sie sich mehr vor eigenem Versagen? Wenn ja, erforschen Sie, ob Sie tatsächlich schon einmal versagt haben, ob ein eventuelles eigenes Versagen zwangsläufig wiederholt werden muss, oder ob Sie nicht aus Fehlern gelernt haben und diese nun vermeiden können. Legen Sie sich vielleicht ein Übungsprogramm zurecht, das Ihnen schrittweise bei der Überwindung von diffusen Ängsten hilft.

Wie ist es um Ihre Partnerschaft bestellt? Lieben Sie Ihre Frau, wie lebendig ist diese Liebe? Empfinden Sie sie immer wieder deutlich, oder ist sie einer unhinterfragten Alltagsroutine gewichen? Überlegen Sie, wie Sie gegen eingefahrene Gewohnheiten in der Alltagsbeziehung angehen, wie Sie Veränderungen und neue Reize in den sexuellen Austausch einbringen können. Wie würde Ihr Leben ohne die Partnerin verlaufen? Eine kurzzeitige Trennung durch Urlaub bewirkt oft Wunder in der gegenseitigen Wahrnehmung.

Wie ist Ihre Stellung in der Familie? Wissen Sie von jedem einzelnen Mitglied, wie es ihm geht, was es macht, wofür es sich interessiert, wovor es Angst hat? Haben Sie das Gefühl, vom Familienleben ausgeschlossen zu sein? Ist Ihre Frau alleinige Ansprechpartnerin für Ihre Kinder? Wieviel zählt eigentlich Ihre Meinung im Familienrat? Wann sind Sie das letzte Mal mit Ihrem Kind zum Schwimmen, ins Kino, Eislaufen, in den Park gegangen, wann haben Sie den letzten Vater-Sohn- beziehungsweise Vater-Tochter-Sonntag gemacht?

Welche persönlichen Beziehungen haben Sie außerhalb von Partnerschaft und Familie? Haben Sie einen guten Freund, mit dem Sie sich regelmäßig austauschen? Gibt es jemand Außenstehenden, mit dem Sie über Probleme und sehr persönliche Fragen vertrauensvoll sprechen können? Wann haben Sie den letzten persönlichen Brief geschrieben? Oder spüren Sie eine Liebe zu Ihrer Partnerin, die vom Herzen kommt, und entdecken zum ersten Mal diese reine, überpersönliche Liebe, die Liebe, die keine Ansprüche stellt? Sie lieben ganz einfach, ohne jeglichen Machtanspruch (Macht = Lust)?

Mit der Männer-Pendelkarte erhalten Sie eine Möglichkeit, verborgene Probleme aufzuspüren. Oft ist das Bewusstmachen von ihnen bereits ein erster wichtiger Schritt, um falschen Entwicklungen entgegen zu wirken. Nachdem Sie sich bereits Gedanken über Ihre persönliche Situation gemacht haben, möchten Sie die vorgeschlagene Pendelkarte möglicherweise um andere für Sie relevante Punkte ergänzen. Fertigen Sie sich in diesem Fall zunächst eine eigene Männer-Pendelkarte an.

Die ideale Partnerin

Für Männer, die noch auf der Suche nach einer Partnerin sind, stellt sich oft die Frage, welche Art von Frau sie am meisten anzieht und welche am besten zu ihnen selbst passt. Sie meinen, das sei Unsinn, weil doch wohl jeder wisse, worauf er steht? Stimmt nicht. Nicht allen Männern ist klar, dass sie sich in Wirklichkeit eher von einer fülligen Frau angezogen fühlen als von einer modischen Idealen entsprechenden schlanken. Das hängt teilweise mit gesellschaftlichen Normen von Schönheit zusammen, häufiger jedoch mit Verboten, die eine innere Instanz einem auferlegt, wenn man zu nahe an Tabus kommt, zum Beispiel weil die ersehnte Leibesfülle in (kindlichen) inzestuösen Wünschen eine Rolle gespielt hat. Manchmal allerdings ist auch das Gegenteil der Fall, nämlich dass gerade solche frühkindlichen inzestuösen Wünsche das spätere Frauenideal prägen.

Benutzen Sie das Pendel, um herauszufinden, welche Vorstellungen Sie von dem Äußeren und dem Wesen Ihrer Idealpartnerin haben.

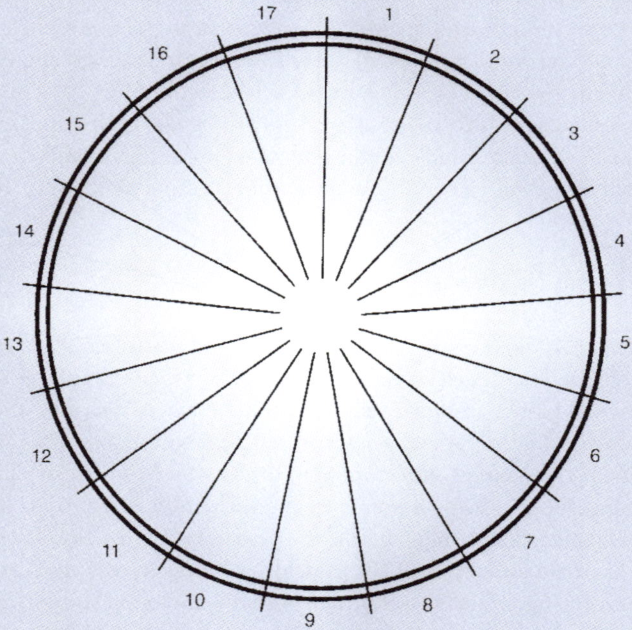

Abb. 15: Pendelkarte zur äußeren Erscheinung der Idealpartnerin

1 schlank
2 füllig
3 groß
4 klein
5 mittelgroß
6 blauäugig
7 braunäugig
8 grünäugig
9 lange Haare
10 kurze Haare
11 blond
12 schwarzhaarig
13 rothaarig
14 brünett
15 großer Busen/runde Formen
16 knabenhafte Figur
17 Fehler

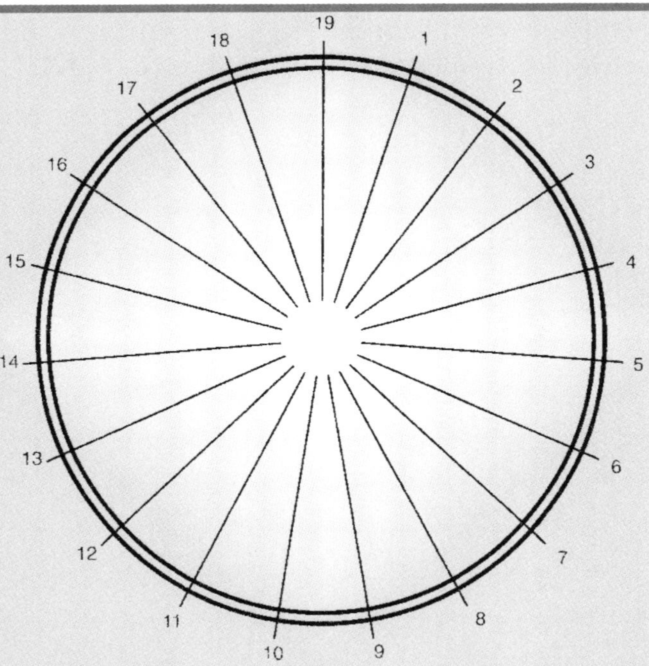

Abb. 16: Pendelkarte zum Wesen der Idealpartnerin

1 ruhig
2 lebhaft
3 sanftmütig
4 leidenschaftlich
5 großzügig
6 sparsam
7 zurückhaltend
8 stark
9 schwach
10 liebevoll
11 zärtlich
12 sinnlich
13 klug
14 sportlich
15 musikalisch
16 kunstinteressiert
17 naturliebend
18 anderes
19 Fehler

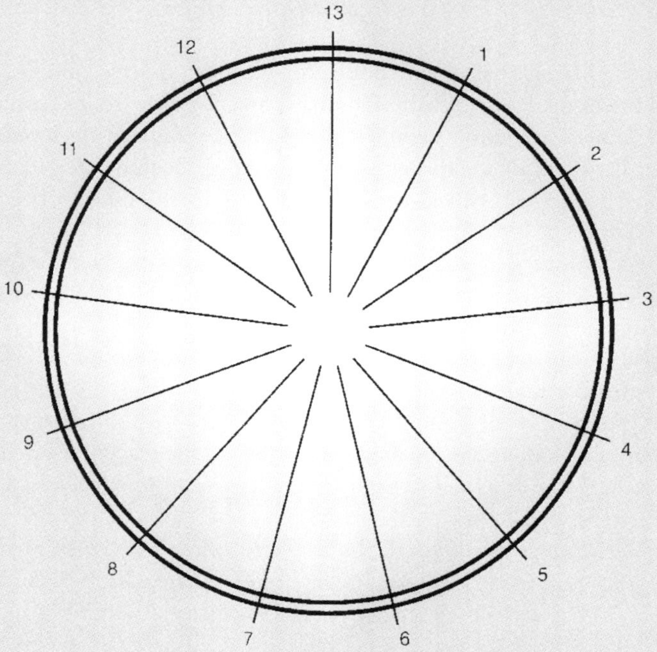

Abb. 17: Pendelkarte zu Partnerschaftsproblemen

Frauen ziehen sich vor mir zurück wegen meines/meiner

1 Egoismus
2 Leidenschaft
3 zu starken Sinnlichkeit
4 sexuellen Wünsche
5 Aufdringlichkeit
6 Nachgiebigkeit
7 Rechthaberei
8 Geizes
9 Eifersucht
10 Promiskuität
11 schlechten Angewohnheiten
12 andere Gründe
13 Fehler

Die Pendelkarte zu Partnerschaftsproblemen

Manche Männer haben eine Beziehung nach der anderen, und jedesmal bricht die Partnerschaft schon nach kurzer Zeit wieder auseinander. Andere wiederum befinden sich auf der ständigen Suche nach einer Partnerin und verlieben sich auch häufig. Doch die Frauen ziehen sich jedesmal zurück, bevor die Partnerschaft überhaupt begonnen hat.

Wenn Sie zu den Menschen gehören, die hinsichtlich von Partnerschaften geradezu vom Pech verfolgt zu sein scheinen, sollten Sie unbedingt herausfinden, ob nicht weniger das Pech als Ihr eigenes Verhalten für gescheiterte Beziehungen verantwortlich ist.

Bevor Sie über der Pendelkarte zu Partnerschaftsproblemen pendeln, sollten Sie sich zunächst all Ihre Erfahrungen mit Frauen in Erinnerung rufen und als möglichst neutraler Beobachter sich Ihre Verhaltensweisen und die entsprechenden Reaktionen der Frauen vergegenwärtigen.

Welche möglichen Gründe für die Zerrüttung einer Beziehung beziehungsweise das Nichtzustandekommen gibt es Ihrer Meinung nach? Wo lag die Schuld bei der Frau, wo bei Ihnen? Können Sie sich vorstellen, durch welche Charaktereigenschaft oder Verhaltensweise Sie die Frauen zum Rückzug veranlasst haben könnten? Gibt es Parallelen zwischen den verschiedenen Beziehungen?

Erst nach ausführlicher Beschäftigung mit dem Thema greifen Sie zum Pendel. Vielleicht sind Ihnen mittlerweile Aspekte eingefallen, die zu Ihrem individuellen Fall gehören. In diesem Fall ergänzen Sie die vorgeschlagene Pendelkarte beziehungsweise verfertigen Ihre eigene.

Die Pendelkarte der Weiblichkeit

Frau zu sein ist in vieler Hinsicht spannend. Auf gesellschaftlicher Ebene hat sich gerade in unserem Jahrhundert das Frauenbild tiefgreifend verändert. Auch im politisch-rechtlichen Bereich hat die Neudefinition der Sozialfunktion von Frauen durch eine angepasste Gesetzgebung in Ländern wie Deutschland, England und der Schweiz ihren Niederschlag gefunden.

Auf privater, zwischenmenschlicher Ebene spiegelt sich dieser Wandel in den veränderten Beziehungen zwischen Männern und Frauen in der Familie, im Beruf und in der Partnerschaft wider. Frauen sind selbstbewusster geworden. Die Verantwortung für das eigene Leben – und für die Familie – zu übernehmen, ist für eine Frau heutzutage nicht ungewöhnlich.

Der neue Status der Frau bedeutet allerdings nicht, dass sie sich eindeutiger und leichter definieren ließe. Im Gegenteil wird uns Frauen allmählich bewusst, welche großen und vielfältigen Potenziale in uns ruhen. Genauso wenig wie sich ein Mann festlegen lässt auf die Rolle des starken, mutigen Eroberers, kann man eine Frau als schwache, ängstliche Person sehen, die nur darauf wartet, erobert zu werden. In uns sind viele Persönlichkeiten enthalten – und mit ihnen viele Möglichkeiten, Kräfte, Energien. *Keine* Frau lässt sich definieren als ein bestimmter Typus, vielmehr vereinigt sie in sich alle Möglichkeiten, wobei vielleicht einige zu bestimmten Zeiten vorherrschen und andere in den Hintergrund treten.

Wenn man die Geschichte und besonders die Archetypen prägende Vorgeschichte der Menschheit betrachtet, lassen sich die vielfältigen Aspekte des Weiblichen, die in jeder Frau – in unterschiedlicher Ausprägung – enthalten sind, in einer Art Typologie des Weiblichen darstellen (genau nachzulesen in dem Buch »Der weibliche Leitfaden für Naturheilkunde«).

Die Göttin

In vielen Kulturen und Religionen steht am Anfang des Lebens eine Göttin, die gebiert, erhält und zerstört, also Herrscherin über Leben und Tod ist. Diese Göttin in uns zu finden, etwa über die Meditation, kann uns zu großer Kraft und neuen Energien befähigen.

Die Göttin in uns befähigt uns zu schöpferischer Spiritualität und großer Wandlungsfähigkeit. Sie weitet unsere Sicht und unser Verständnis, stellt einen Weg zu transzendenter, göttlicher Kraft dar, aus der wir schöpfen, um unser Selbstwertgefühl zu stärken und somit unserer Umgebung entscheidende Impulse zur Neuorientierung weitergeben zu können.

Die Priesterin

Als eine Mittlerin zwischen dem Einzelbewusstsein und dem Allbewusstsein, dem Göttlichen, verfügt die Priesterin über eine intuitive Sicherheit in den großen metaphysischen Zusammenhängen. Dieses tiefe Wissen erlaubt ihr, eine religiös und gesellschaftlich einflussreiche Rolle zu übernehmen. Die Priesterin verbindet spirituelle und magische Erfahrungen mit der Offenheit gegenüber einem sich ständig wandelnden Lebensstrom. Sie ist vertraut mit den Rhythmen der Menschen und der Natur und lebt in Harmonie mit ihnen.

Die Urmutter

Sie gilt als Prototyp der Lebensfülle. Sie schafft, nährt und bewahrt das neue Leben und ist bestimmt durch eine bedingungslose Liebe zu ihren Kindern. Hierin manifestiert sich der Selbstwert einer Mutter, deren Haupteigenschaft die liebevolle, auch leidende, Geduld ist.

Die Herrscherin

Sie ist die vollständig souveräne und selbstbestimmte Frau, die ihr Leben nach ihren eigenen Vorstellungen einrichtet. Sie ist selbstbewusst und in der Lage, Führungspositionen zu bekleiden – in der Familie, im Berufsleben und in der Politik. Wichtig ist, dass diese Frau sich in der immer noch von Männern beherrschten Domäne der Macht mit Hilfe ihrer eigenen weiblichen Kräfte durchsetzt – und nicht einfach die männlichen Prinzipien der Macht des Stärkeren übernimmt.

Die Prophetin

Manche Frauen, auch kleine Mädchen und Jungen, besitzen die Gabe der Prophetie, die sie in Wahrträumen und Visionen erfahren. Sie sind seelisch äußerst empfindsam und verfügen über die Fähigkeit, Wahrheiten aufzunehmen, die sich noch nicht materialisiert haben. In diesen Frauen wurde die weibliche Intuition nicht unterdrückt. Man kann eine gewisse Medialität entwickeln und somit eine Mitverantwortung für das Überleben der Menschheit auf unserem Planeten übernehmen.

Die Heilerin

Sie wendet die sanften Heilkräfte der Natur an, um den Menschen zu helfen. Aus der Kenntnis der tieferen Zusammenhänge zwischen Mensch und Natur und des Zusammenspiels von Körper, Gedanken, Gefühlen und Lebenseinstellung richtet sie sich nach einem ganzheitlichen Menschenbild und entsprechenden Heilkonzept. Intuitiv erspürt sie die psychosomatische Bedeutung des Befindens und stimmt ihre Heilungsmethoden auf seelische Zustände, weibliche Rhythmen und Zyklen und ihre kosmischen Entsprechungen ab. Die Heilerin ist eine starke, liebevolle und einfühlsame Persönlichkeit.

Die Künstlerin/Die Muse

Diese beiden Frauen stellen für mich zwei komplementäre Seiten eines Typus dar: den der schöpferisch-sensibel Schaffenden, die über eine starke künstlerische Ausdruckskraft verfügt. Beiden ist die Empfindung für die Schönheit und Fülle des Lebens zueigen, die Künstlerin drückt diese auf eine Weise aus, die einen Nerv bei anderen Menschen trifft, während die Muse einen anderen Menschen inspiriert und dessen Kunst durch liebevolle und fördernde Zuneigung unterstützt.

Die Amazone

Sie ist eine unabhängige, selbstständige, selbstbewusste und intelligente Frau, die Entscheidungen selbst und ohne einen Mann trifft, was jedoch nicht bedeutet, dass sie Männer ablehnt. Sie ist häufig eine gleichberechtigte und leidenschaftliche Partnerin.

Die Amazone ist mutig und schreckt auch nicht davor zurück, in männliche Bereiche vorzudringen und sich dort zu behaupten. Dies kann sich auf unterschiedliche Bereiche beziehen und betrifft sowohl den Einsatz, der das Überleben der eigenen Familie ökonomisch sichert, als auch den der Soldatin an vorderster Front, wie wir es von Frauen in Armeen kennen, etwa der amerikanischen und der israelischen.

Die Liebende

Sie ist voller Lebenslust und lebt die Liebe in all ihren Formen als Selbstzweck. Sie verkörpert sowohl die sinnliche Verführerin als auch die verständnisvoll Liebende, die in Ekstase Vibrierende wie auch die Zärtliche. Sie ist die Geliebte, die in die Geheimnisse der Liebeskunst einführt und somit den Mann auch erschrecken kann. Aber sie liebt unbedingt und verschenkt ihre Liebe ohne Einschränkung, auch wenn ihr Ruf darunter leidet.

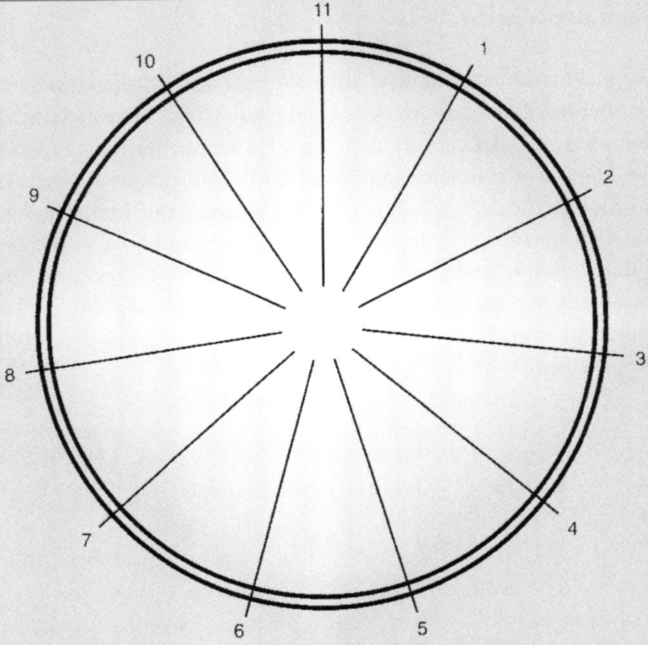

Abb. 18: Die Pendelkarte der Weiblichkeit

1 Göttin
2 Priesterin
3 Urmutter
4 Herrscherin
5 Prophetin
6 Heilerin
7 Künstlerin
8 Amazone
9 Liebende
10 kleines Mädchen
11 Fehler

Das kleine Mädchen

Das kleine Mädchen in uns haben wir aus einer längst vergangenen Zeit herübergerettet, in der das Leben einfach war und uns doch so viele neue Eindrücke vermittelte. Das kleine Mädchen ist unschuldig, naiv, staunend und leicht zu beeindrucken. Es stellt die kindlichen Ideale von Glück, Liebe, Frieden und Harmonie dar und manifestiert sich in den wenigen Momenten, in denen wir Glücksgefühle wieder erleben, die uns so rein in unserer frühen Kindheit beseelt haben. Das kleine Mädchen in uns erhält uns die Fähigkeit, immer wieder zu staunen und das Wunder der Schöpfung dankbar so anzunehmen, wie es uns erscheint.

Benutzen Sie die Pendelkarte der Weiblichkeit, um herauszufinden, welchen Aspekt des Frauseins Sie (zur Zeit) am deutlichsten repräsentieren: »Welcher Aspekt entspricht mir am meisten?«

Sie können mit dieser Karte andere Fragen stellen, die Ihnen bei Ihrer Selbstdefinition weiterhelfen, etwa:

- »Welchen Aspekt des Frauseins sollte ich mehr unterstützen?«
- »Mit welchem Aspekt des Frauseins habe ich Schwierigkeiten?«
- »Welchem Aspekt des Frauseins habe ich in meinem Leben einen zu großen Raum gelassen?«
- »Stelle ich einen Aspekt dar, der für mich nicht richtig ist?«

Die Frauen-Pendelkarte

Immer wieder kommen Frauen mit diffusen Beschwerden in meine Praxis, die unter so unterschiedlichen Problemen leiden wie Schwindelgefühlen, Migräne, Unterleibsschmerzen – auch wenn sie gerade nicht den Eisprung oder die Periode haben –, unkontrollierbaren Gefühlsschwankungen, Depressionen, Rückenschmerzen o.ä. In den meisten Fällen stellt sich sehr bald heraus, dass nicht organische Schäden, sondern seelische Ursachen dahinter stecken, die zumeist mit der eigenen Sexualität zu tun haben. In vielen Fällen sind die Frauen unglücklich über eine nachlassende Libido. Dies kann unterschiedliche Ursachen haben. Libidoschwankungen können durch hormonelle Veränderungen ausgelöst werden. Sie können aber auch – und das ist dann für die Frau der schwierigere Aspekt – in einer veränderten Partnerschaft gründen. Es kann sein, dass der sexuelle Austausch in »eingefahrenen« Partnerschaften an Reiz verliert und abnimmt, auch wenn die Partner einander eigentlich noch lieben. Eine nachlassende Libido kann mit dem Tod des Partners oder einer Trennung einhergehen, mit einem schockartig erlebten Verlust. Sie kann schlicht eine Frage körperlicher Erschöpfung nach einem anstrengenden Arbeitstag sein, an dem die Frau zusätzlich zu ihrer Berufstätigkeit noch als Hausfrau und Mutter gefordert wurde. Und schließlich verbergen sich manchmal uneingestandene Gefühle wie nachlassende Liebe, eine veränderte, kritischere Einstellung zum Partner, Abneigung und Distanz hinter der fehlenden Lust am Sex oder ganz einfach nur die reine, überpersönliche Herzensliebe ohne körperlichen Besitzanspruch. Nun ist der Bereich der Sexualität für viele Menschen immer noch kompliziert, und es fällt nicht leicht, die eigenen Motive zu erkennen. Auch wenn Libidoschwankungen etwas Natürliches sind und eine Definition der »normalen« Intensität der weiblichen Libido großer Unsinn wäre, erleben doch viele Frauen eine starke Beunruhigung, wenn ihre Lust auf Sex nachlässt. Anstatt sich sachlich mit den Ursachen hierfür auseinander zu setzen, haben sie latent ein schlechtes Gewissen dem Partner gegenüber und fühlen sich schuldig. Das Selbstbewusstsein wird erschüttert, was wiederum für die Partnerschaft nicht förderlich ist. So beginnt ein trauriger und völlig überflüssiger Kreislauf, der häufig zu körperlichen Beschwerden führt.

Versuchen Sie herauszufinden, woran es liegt, wenn Ihre Libido nachlässt, und stehen Sie dazu. Unsere Körpersymptome sollten wir immer beachten – und in jedem Fall zu entziffern suchen.

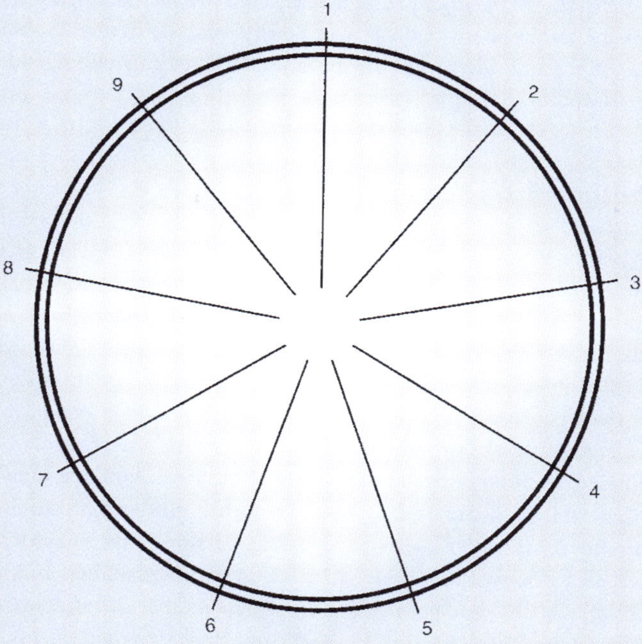

Abb. 19: Die Frauen-Pendelkarte

1 Hormonstörungen
2 Nachlassende Liebe zum Partner
3 Müdigkeit
4 Überforderung
5 Langeweile beim immer gleichen Sex
6 Trauer wegen Verlustes
7 Schmerzen beim Liebesakt
8 anderes
9 Fehlerquelle

Mit der Frauen-Pendelkarte erhalten Sie eine Möglichkeit, verborgene Probleme aufzuspüren. Oft ist das Bewusstmachen dieser Probleme bereits ein erster wichtiger Schritt, um falschen Entwicklungen entgegenzuwirken.

Arbeiten mit der Frage-Pendelkarte

Die Fragen-Pendel-Karte wird von medial sehr begabten Menschen benutzt, wenn es Fragen gibt, die mit ja oder nein ebensowenig zu beantworten sind wie mit fertigen Pendelkarten. Gewöhnlich ist sie als Halbkreis angeordnet, von dessen Mittelpunkt das Pendel ausschlägt. Am äußeren Rand sind Zahlen- und/oder die Buchstaben des Alphabets angeordnet. Das Pendel kann durch jeweilige Bewegungen auf die einzelnen Felder regelrecht Antworten buchstabieren.

Diese Pendelmethode hat häufig spiritistischen Charakter. Dass das Pendel tatsächlich sinnvolle Antworten formt, erklärt sich durch die Fähigkeit des Pendlers, sich so zu konzentrieren, dass er Schichten seines Tiefenbewusstseins erreicht und die darin enthaltenen Kräfte erschließt. Nicht die Seelen von Verstorbenen, aber das unbewusste, archetypische Wissen in uns erschließt uns tiefe Wahrheiten.

Sollten Sie tatsächlich zu den Menschen mit so ausgeprägter medialer Begabung gehören, erschließen sich Ihnen Frage- und Antwortmöglichkeiten besonderer Art. Sie können das Pendel zu verborgenen Schichten Ihrer Persönlichkeit konsultieren. Ruhen Sie in sich selbst? Sind Sie ausgeglichen? Tragen Sie ein unbewältigtes Problem mit sich? Was sind die geheimen Gründe für Ihre Unfähigkeit, eine stabile Beziehung zu einer Frau/einem Mann aufzubauen? Was sind die Gründe für Ihre Abneigung gegen sexuelle Annäherungen von Frauen/Männern? Warum ziehen sich Frauen/Männer oft von Ihnen zurück, wenn es »ernst« wird? Gibt es einen Weg, treu zu sein? Können auch Sie für sich die Möglichkeit entdecken, den Orgasmus hinauszuzögern? Welche geheimen Gründe stecken hinter Ihrem unstillbaren sexuellen Verlangen?

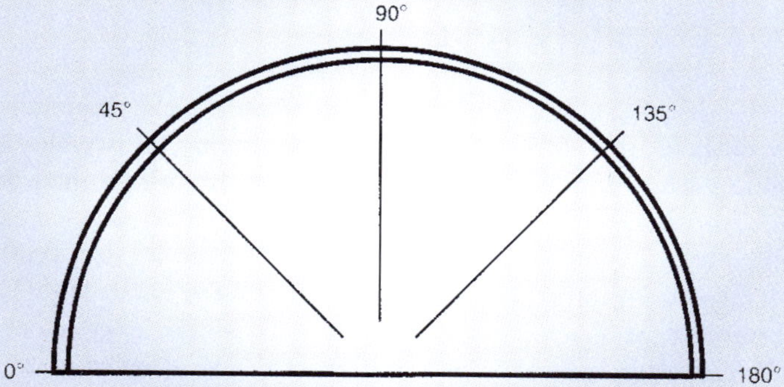

Abb. 20: Die Fragen-Karte

0°= Keine Zustimmung/Übereinstimmung
180°= volle Zustimmung/Übereinstimmung

All dies sind Fragen, die ein medial außergewöhnlich begabter Mensch sich mit dieser Pendelmethode stellen kann und auf die er möglicherweise hilfreiche, sein ganzes Leben verändernde Antworten erhält.

Pendeln am Körper

Die Pendelarbeit am Körper bietet viele Einsatzmöglichkeiten und ist besonders für den Therapeuten interessant, der diagnostische Rückschlüsse ziehen kann. Ich habe einmal mit einem Arzt gesprochen, der ein sehr erfahrener Pendler ist und das Pendel auch bei seiner medizinischen Tätigkeit einsetzt. Dabei erfuhr ich, dass er mit dem Pendel sich sogar über Blutzucker-, Leber- und andere Werte informiert. Dies scheint mir aber eine Methode zu sein, die nur äußerst erfahrene und in Heilangelegenheiten kompetente Menschen anwenden sollten.

Aus der Vielzahl der Einsatzmöglichkeiten möchte ich Ihnen im Folgenden die Organmessung, das Pendeln der Aura, das Pendeln über der Hand und eine Pendelübung zur Körpermassage vorstellen, mit der Sie Ihrer Partnerin/Ihrem Partner etwas Gutes tun können.

Außerdem möchte ich natürlich das traditionelle Auspendeln einer Schwangeren vorstellen, bei dem man nach dem Geschlecht des Kindes fragt – ein absolutes Muss bei jeglicher Pendelarbeit.

Bevor Sie mit dem Pendel am menschlichen Körper arbeiten, ist es wichtig, dass Sie eine klare Zuordnung von Pendelbewegungen zu ihren jeweiligen Bedeutungen festgelegt haben, etwa:

- *Rechtskreis* bedeutet ja, gut, positiv (im Sinne einer elektrischen Ladung),
- *Linkskreis* bedeutet nein, schlecht, negativ (als elektrische Ladung),
- *Längsstrich*, also zum Pendler hin, bedeutet viel,
- *Querstrich*, also vor dem Pendler nach links und rechts, bedeutet wenig.

Bevor Sie beginnen, sollten Sie und Ihre Partnerin/Ihr Partner sich auf die gemeinsame Pendelarbeit vorbereiten. Schmuck, Uhr und sonstige schwingungsaktive Gegenstände sollten abgelegt sein. Tragen Sie leichte, bequeme Kleidung. Entspannen Sie sich, möglichst mittels der oben beschriebenen Heilmeditation (siehe S. 22). Reinigen Sie Ihr Pendel gründlich, und zwar vor der Arbeit wie auch ganz besonders danach. Während des Schwingens über einem Körper kann es dessen Strahlungen aufnehmen und an Sie weiterleiten, was besonders im Fall von Disharmonien und Krankheiten gefährlich ist. Während des Pendelns halten Sie Ihre linke freie Hand mit leicht gespreizten Fingern in der Nähe zu jenem Organ, dessen Frequenzen Sie messen wollen.

Organmessung

Bei der Organmessung halten Sie das Pendel über verschiedene Körperteile und beobachten seine Reaktion. Es nimmt die Vitalitätsschwingungen der einzelnen Organe auf und spiegelt ihre jeweilige Stärke durch entsprechende Pendelausschläge wider. Wenn Sie beispielsweise etwas über die Leberfunktion Ihrer Partnerin/Ihres Partners wissen wollen, halten Sie Ihre linke Hand nahe der entsprechenden Körperstelle und das Pendel direkt darüber. Formulieren Sie eine Frage, z.B.: »Wie arbeitet die Leber?« Ein Rechtskreis wäre eine befriedigende Antwort. Wenn Sie fragen, »wieviel Schwingungsenergie hat die Leber?«, wäre im gleichen Fall ein Längsstrich als Pendelantwort zu erwarten. Beobachten Sie das schwingende Pendel eine längere Weile. Bleibt die Schwingung gleich? Wird sie stärker oder schwächer? Falls die Pendelbewegung nachlässt, wäre dies möglicherweise ein Zeichen für eine Schwächung des Organs oder eine beginnende Krankheit. Dies sollte aber mehrfach überprüft werden. Einmalige Untersuchungen ergeben selten klare Ergebnisse, denn festgestellte Energiedefizite einzelner Organe können vorübergehender Natur und bereits am nächsten Tag wieder ausgeglichen sein.

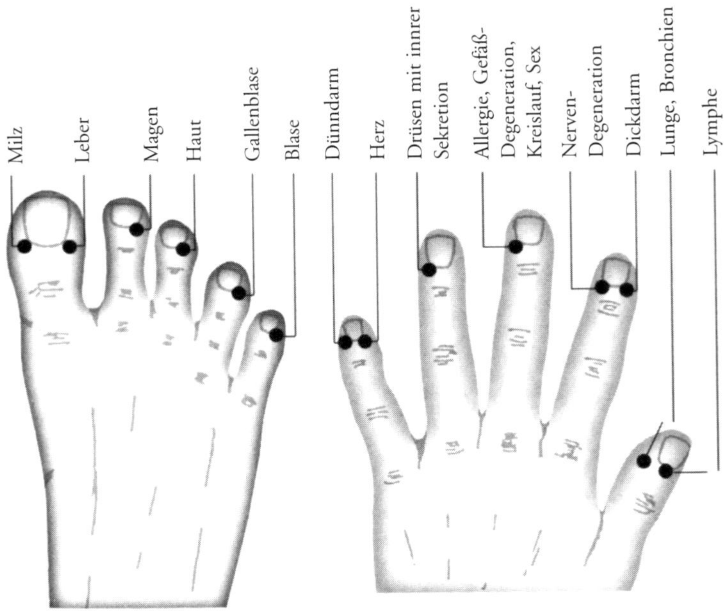

Abb. 21: Fuß- und Hand-Meridiane

Während der Energiezustand der Körperorgane in der Regel durch Pendeln über den entsprechenden Körperzonen recht einfach zu erfassen ist, wird es beim Darm oder Blutkreislauf schwieriger. Eine Möglichkeit besteht darin, sich der Akupunkturpunkte an der Hand und am Fuß zu bedienen. Dabei hält die rechte Hand das Pendel möglichst in der Nähe des Akupunkturpunktes, während die linke freie Hand diesen abtastet beziehungsweise einen Finger drauflegt. Auf diese Weise kann die Energie ans Pendel weitergeleitet werden.

Auramessung

Das Pendel kann zur Auraklärung beitragen. An dieser Stelle will ich Ihnen zunächst einige klärende Worte zur Aura und zu den Chakren eines Menschen sagen.

Jeder Mensch verfügt über eine Aura, ein Licht- und Energiefeld um ihn herum. Es besteht aus elektromagnetischen, aber auch emotionalen, astralen und spirituellen Kräften und verändert sich sowohl entsprechend unserer wechselnden Befindlichkeit wie auch unter dem Einfluss von sich in ständiger Bewegung befindlichen Erdkräften und kosmischen, ja göttlichen Kräften.

Die Aura besteht im Wesentlichen aus zwei Schichten. Die körperliche Aura umschließt den Menschen als relativ homogene und eng anliegende Hülle. Sie zeigt die vitale Grundenergie des Menschen an, seine Lebensenergie. Sie ist zwischen einem halben und drei Zentimeter »dick«. Die körperliche Aurahülle kann man relativ einfach wahrnehmen: über die Hände, die einen weichen, doch gleichzeitig festen Widerstand dicht über der Haut spüren; mittels Kirlianfotografie, bei der körperliche Abstrahlungen, also Energie- und Schwingungsmuster, durch eine spezielle Hochfrequenztechnik fotografisch festgehalten werden; und schließlich können medial begabte oder geübte Menschen die Aura auch als Licht, Farbe und vibrierende Energien sehen.*

Die seelische Aura eines Menschen geht ebenfalls von seinem physischen Körper aus, durchdringt die körperliche Aura, reicht aber häufig über sie hinaus. Ein Abstand von 30 cm um den Körper herum ist minimal; je nach Bewusstseinsentwicklung eines Menschen kann sie mehrere Meter weit über ihm stehen. Die seelische Aura ist häufig beeinflusst von der Chakraaktivität der entsprechenden Körperzone. Auch die seelische Aura ist durch Kirlianfotografie festzustellen oder von medial begabten Menschen zu sehen.

* Übungsprogramme zur Wahrnehmung der Aura finden Sie in meinem Buch »Die Farben Deiner Seele«.

Die Chakras oder Chakren sind verschiedene Energiezentren in unserem Körper, die einerseits in enger Beziehung zu unserem Drüsensystem und zum anderen zu unserer Bewusstseinsentwicklung stehen. In ihnen konzentrieren sich die Körperkräfte, die auf unterschiedliche Funktionen in Körper, Geist und Seele Einfluss haben und für einen vitalisierenden beziehungsweise harmonisierenden Austausch zwischen innen und außen sorgen. Ein Chakra kann man sich als dreidimensionales Rad vorstellen, das ständig im Uhrzeigersinn vom Zentrum nach außen kreist und dabei Energie abgibt. Im Idealfall wird die Energie in dem Maße produziert, wie der Körper sie brauchen und aufnehmen kann, und wir fühlen uns also völlig wohl. Allerdings gibt es viele innere und äußere Einflüsse, die die Chakren negativ beeinflussen und den Energiefluss hemmen können. Im Gegensatz zur Aura, die den gesamten Körper als relativ homogenes Schwingungsfeld umschließt, konzentrieren die Chakren bestimmte Energien an wichtigen »Schaltstellen« von Körper, Geist und Seele. Jedes Chakra ist für einen bestimmten (körperlichen, seelischen und geistigen) Bereich zuständig. Für eine harmonische Lebensführung ist es wichtig, dass sämtliche Chakren in ungehemmter, gleichmäßiger Bewegung sind. Überaktivität eines Chakras kann genauso wie zu träge Energieproduktion und -abgabe zu Schwächungen bis hin zu schweren Erkrankungen führen. Auch im seelischen Bereich führt eine gestörte Chakra-Koordination zu gefährlichen Fehlentwicklungen: Sowohl Menschen, die zu sehr dem Körperlichen verhaftet sind, übertrieben Sport treiben, ein hyperaktives Geschlechtsleben haben und rastlos hinter neuen (allerdings eher pragmatischen) Erfahrungen herjagen, sind ebenso im Ungleichgewicht wie die zu sehr am Übersinnlichen interessierten Menschen, die alles Körperliche zugunsten ihrer Vorahnungen, telepathischen oder anderen medialen Fähigkeiten ablehnen. Erstere leben »aus dem Bauch« heraus, beziehen ihre Energien überwiegend aus den niederen Chakren, während letztere ihr Leben mehr aus den oberen Chakren gestalten. In beiden Fällen aber fehlt die Ausgeglichenheit, wichtige Voraussetzung für ein gesundes und erfülltes Leben.

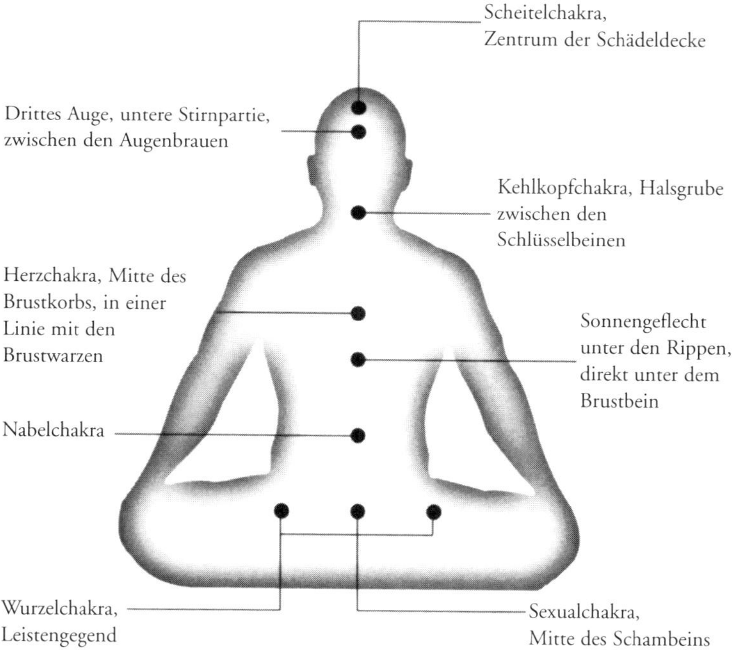

Abb. 22: Die Lage der Chakren im menschlichen Körper

Chakren können Sie in ähnlicher Weise wie Organe pendeln. Falls Sie sich bisher noch nicht mit diesem Thema befasst haben, machen Sie doch einfach einmal den Versuch, über dem Körper Ihrer Partnerin/Ihres Partners mit dem Pendel Chakren ausfindig zu machen. Fragen Sie: »Wo ist eine Energiequelle?«, und überprüfen Sie an der Stelle, wo heftiger Ausschlag ist, mit der Frage: »Ist dies ein Chakra?« Darüber hinaus kann ich Ihnen die Beschäftigung mit den Energiezentren des Körpers sehr empfehlen. Wenn Sie sich genauer über die Lage und die Farben der Chakren informieren*, können Sie dieses Wissen sinnvoll einsetzen, um Stellen zu erkennen, an denen der Energiefluss in Ihrem Körper blockiert ist und die natürliche und harmonische Färbung sich verändert hat und trüb geworden ist. Solche Blockierungen können auf Dauer schädlich sein und zu Krankheiten führen.

Möchten Sie mögliche Blockaden in der Aura eines Menschen ermitteln, sollten Sie einen größeren Abstand zu ihm halten. Bewegen Sie sich langsam in einer Entfernung von ein bis zwei Metern an der liegenden Partnerin/dem liegenden Partner entlang, und fragen Sie, wo Energie festsitzt. Folgen Sie den Schwingungen des Pendels bis zu der Stelle, wo es zu kreisen ansetzt. Es kann auch vorkommen, dass das Pendel an einer solchen Stelle völlig stillsteht. Sie sollten mit dem Pendel nicht zu lange an der Stelle verweilen, da es sich hier leicht mit negativen Schwingungen auflädt, was möglicherweise Ihrer Partnerin/Ihrem Partner hilft, für Sie allerdings nicht gut ist.

Eine bewährte Möglichkeit, die Aura an einer blockierten Stelle zu klären, besteht in der Benutzung eines vorher mit dem Pendel ermittelten Heilsteines (Frage: »Welcher Stein hilft mir, festsitzende Energien zu lösen?«). Diesen halten Sie mit der linken Hand über die Stelle, während Sie mit der rechten das Pendel darüber halten. Fragen Sie das Pendel: »Wann ist der Stein voll?« Wenn das Pendel auf diese Frage reagiert, wissen Sie, dass die Negativenergien von der blockier-

* Siehe mein Buch »Die Farben Deiner Seele«.

ten Aura in Ihren Heilstein übergegangen sind. Nun sollten Sie diesen gründlich unter fließendem Wasser reinigen. Halten Sie den gereinigten Stein nochmals über die Aurastelle, um zu überprüfen, ob wirklich alle Disharmonien aufgelöst sind. Ansonsten müssten Sie so lange fortfahren, bis das Pendel vollständige Klärung signalisiert.

Übrigens sollten Sie bei einer solchen Übung darauf achten, dass auch Sie selbst sich von möglicherweise in Sie übergegangenen Fremdenergien reinigen. Die konzentrierte Pendelarbeit ist anstrengend und kraftraubend. Duschen Sie anschließend ausgiebig mit lauwarmem Wasser, wechseln Sie Ihre Kleider. Gute Erfahrungen habe ich in Fällen energetischer Beanspruchung oder Verunreinigung mit der Heilmeditation mit violettem Licht gemacht (siehe S. 22).

Die Aura eines Menschen sollte im unbekleideten Zustand erfasst werden. Entsprechend der unterschiedlichen Funktionen der beiden Auraschichten muss der Pendelabstand sein, wenn man gezielt einzelne Bereiche untersuchen will. Während die körperliche, also den Körper enger umgebende, innere Aurahülle einen starken Bezug zum Verdauungstrakt des Körpers hat, spiegelt die seelische, äußere Aurahülle nervöse, seelische und geistige Störungen und Leiden wider. Will man also etwas über die Verdauung erfahren – übrigens ist hier auch die Verdauung im übertragenen Sinne gemeint, also die allgemeine Aufnahme- und Abgabebereitschaft eines Menschen –, so hält man das Pendel in einem Abstand von ca. zehn bis fünfzehn Zentimetern vorzugsweise über die Magengegend und den Solarplexus. Bei Erforschungen der nervlichen und seelisch-geistigen Verfassung muss das Pendel entsprechend die äußere Auraschicht erfassen, also im Abstand von mindestens 20 bis 30 Zentimetern über dem Körper gehalten werden.

Es kann aber auch sein, dass Sie beim Auspendeln der Aurahülle auf ein anderes Phänomen stoßen, wahrscheinlich bei einem Menschen, der sich häufig ausgelaugt und kraftlos fühlt, auch wenn er keiner anstrengenden Betätigung nachgegangen ist. Dann haben wir es mit einem Fall von »Energieleck« in der Aurahülle zu tun. Die

Abb. 23: Die Auraschichten um den Körper

körpereigenen Energien entweichen durch eine Art Riss oder Loch in der Aura. Wenn Sie auf eine solche Stelle stoßen, können Sie Ihrem Partner oder Ihrer Partnerin helfen:

Die Zürcher Heilerin Emma Zoller schlägt zur Schließung von Energielecks Folgendes vor: Die einzelnen Energiezentren werden separat geschlossen, indem man mit den Händen, mit dem Körper zugewandten Handflächen, in der Aura über die entsprechenden Körpergegenden streicht. So glättet man die Aura.

Zunächst fährt man von der Magengegend nach oben über den Kopf, Scheitel bis zum Genick. Dann schließt man den Solarplexus, indem man mit der rechten Hand über den Bauch nach oben, mit der linken Hand an der linken Körperseite entlang nach oben streicht. Hierbei hat man Hautkontakt.

Beim Schließen des Herzchakras legt man die rechte Hand auf das Herz und streicht langsam zum Schultergelenk und dann den Arm entlang bis hinunter zu den Fingern. Das ist übrigens auch eine gute Übung bei Atem- und Herzbeschwerden.

Schließlich wird das Basischakra geschlossen, indem man beide Hände nebeneinander mit den Handflächen auf die Steißbeingegend legt und langsam über das Becken hinauf zu den Hüften streicht.

Abschließend empfiehlt die Heilerin, sich mit einem Schutzkreis zu versehen, den man imaginiert: Man legt gedanklich die linke Hand in die rechte, und zwar in die Erde unter die Füße.

Die Gründe für ein Energieleck können eine geopathische Störzone, auf der Sie schlafen oder arbeiten, oder eine schädliche Lebensweise sein, wenn Sie etwa ständig Giftstoffe in Form von Nikotin, Drogen, Alkohol und anderem zu sich nehmen. Ich habe immer wieder die Erfahrung gemacht, dass Menschen mit Energielecks rastlose Menschen sind, die häufig den Partner wechseln und für Immunschwächekrankheiten anfällig sind. Auf jeden Fall sollten Sie die Ursache herausfinden und beseitigen.

Pendeln zur Körpermassage

Diese Übung beschreibe ich mit besonderer Freude, denn Sie ist doppelt wertvoll: Nicht nur zeigt Sie Ihnen, wie genau und wohldosiert und an welchen Stellen Sie Ihre Partnerin/Ihren Partner optimal massieren können und so zu ihrem körperlichen Wohl beitragen, sondern sie tut auch Ihrer beider Beziehung gut. Der intensive Körperkontakt, der bei der Massage zwischen zwei Menschen besteht, verstärkt auch deren geistige Verbindung. Tun Sie also einmal etwas besonders Gutes und Schönes für Ihre Partnerin/Ihren Partner – und es kommt Ihnen beiden durch eine verstärkte partnerschaftliche Harmonie zugute. Wer weiß, vielleicht sind Sie von der pendelgeleiteten Massage so angetan, dass Sie sie regelmäßig – und abwechselnd – machen.

Wieder gilt vor Beginn der Pendelarbeit, dass Sie und Ihre Partnerin/Ihr Partner sich aller störenden Schmuckstücke und Uhren entledigen und eine meditative Grundhaltung annehmen. Stellen Sie sich in einem Abstand von einem Meter vor Ihrer stehenden Partnerin/Ihrem Partner hin, und fragen Sie: »Welche Körperstelle soll ich massieren?« Warten Sie eine Reaktion des Pendels ab, und folgen Sie langsam der Richtung, in die das Pendel weist. Haben Sie die Stelle gefunden, legt sich die Partnerin/der Partner hin. Sie können aber noch weiterfragen und sich nach Drehrichtung und Intensität der Massage erkundigen: »Soll ich im Uhrzeigersinn massieren?« – »Soll ich kräftig / mit wenig Krafteinsatz / ganz sanft massieren?« – »Soll ich noch weiter massieren?« Wenn das Pendel die letzte Frage verneint, können Sie nach der beschriebenen Methode einen anderen Körperteil ausfindig machen, dem eine Massage guttäte.

Seien Sie jedoch behutsam an Stellen, die Ihnen sehr verspannt erscheinen. Überprüfen Sie die Aussagen Ihres Pendels durch Gegenfragen. Seien Sie vorsichtig, wenn das Pendel eine kräftige Augenmassage vorschlägt. Diese sollten Sie als Laie nicht vornehmen.

Wenn sich bei der Massage herausstellt, dass Ihre Partnerin/Ihr Partner viele Verspannungen und Knoten an bestimmten Stellen hat, sollten Sie sich vornehmen, gemeinsam herauszufinden, welcher Art diese Verspannungen sind. Weisen Sie auf eine dauerhaft ungesunde Körperhaltung hin, auf psychosomatische Ursachen? Gibt es möglicherweise in Ihrer Beziehung Themen, die Sie dringend aufarbeiten sollten – zusätzlich zur Partnermassage –, um tiefer liegende Konflikte zu beseitigen?

Auch bei der Klärung dieser Fragen kann das Pendel Ihnen eine große Unterstützung sein. Aber Vorsicht: Nichts forcieren, Pausen machen, entspannen und unbedingt Geduld haben! Bevor Sie das Pendel mit einer gewissen Verbissenheit und Gereiztheit benutzen, um möglichst schnell Partnerschaftsproblemen auf den Grund zu gehen, lassen Sie es lieber völlig sein. Es wird nicht funktionieren und höchstens falsche Ergebnisse hervorbringen und Frust erzeugen. Statt dessen machen Sie sich lieber einen schönen Abend mit einem liebevoll zubereiteten Essen, entspannender Musik und Kerzenschein.

»Mädchen oder Junge?«

Wird es ein Mädchen oder ein Junge? Diese Frage interessiert alle werdenden Eltern. Mit heutiger moderner Technik lässt sich das Geschlecht des Kindes lange vor der Geburt erkennen. Aber auch ohne diese Technik ist es medial begabten Menschen immer schon möglich gewesen zu erkennen, ob das Kind im Mutterleib weiblich oder männlich ist. Dazu ist das Pendel geradezu ein klassisches Hilfsmittel.

Halten Sie das Pendel über den nackten Bauch Ihrer Partnerin. Zu Beginn der Schwangerschaft, also wenn der Bauch noch nicht gewölbt ist, halten Sie das Pendel in einem Abstand von zehn Zentimetern über der Haut, und zwar etwas oberhalb der Schamhaargrenze. Bei fortgeschrittener Schwangerschaft sollte sich die Entfernung zwischen Pendel und Haut vergrößern und das Pendel in der Mitte über dem Bauch sein.

Sowohl der Pendler als auch die Schwangere sollten sich nun auf das Kind konzentrieren, während das Pendel dessen Schwingungen aufnimmt. Warten Sie geduldig ab, zu welcher Bewegung der Pendelausschlag führt, lassen Sie sich von Inklinationsschwingungen, also Abweichungen, nicht irritieren.

Lässt sich die Pendelbewegung schließlich als Kreis-, Ellipsen- und Strichform identifizieren, können Sie daraus dann das Geschlecht des Kindes ablesen: Eine Kreis- oder Ellipsenbewegung deutet auf ein Mädchen hin, der Strich auf einen Jungen.

Übrigens lässt sich das Geschlecht eines Kindes schon durch den Zeitpunkt der Zeugung beeinflussen. Dazu muss Ihre Partnerin ihren Körperrhythmus genau kennen und vor allem wissen, wann der Eisprung stattfindet. Das lässt sich mit regelmäßiger Temperaturkontrolle feststellen. Wünschen Sie sich ein Mädchen, sollten Sie zwei

Tage vorher Geschlechtsverkehr haben, dann aber nicht mehr. Es sind die männlichen Samen, die über das Geschlecht eines Kindes bestimmen, wobei diejenigen, die die Information »weiblich« tragen, sich langsamer bewegen, dafür aber länger leben. Die Samen, die zu einem Jungen führen, bewegen sich zwar schneller auf die Eizelle zu, sterben aber dafür nach wenigen Stunden ab. Wünschen Sie sich also einen Jungen, sollten Sie möglichst genau zum Zeitpunkt der Ovulation mit Ihrer Partnerin schlafen.

Pendeln über der Hand

Warum sollte man das Pendel nicht auch einsetzen, um etwas über sich, seinen Charakter, seine Verhältnisse zu erfahren? Lassen Sie das Pendel auch ruhig einmal orakeln. Das macht Spaß, und Sie werden verblüfft sein, zu welch erstaunlich genauen und zutreffenden Angaben Ihr Pendel in der Lage ist. Wie für die Pendelarbeit bei der Organmessung gilt auch hier als Voraussetzung eine eindeutig festgelegte Zuordnung von Pendelbewegungen und ihren Bedeutungen. Also verinnerlichen Sie vor dem Pendeln folgende Aussagen:

- *Rechtskreis* bedeutet ja, gut, positiv (im Sinne einer elektrischen Ladung),
- *Linkskreis* bedeutet nein, schlecht, negativ (als elektrische Ladung),
- *Längsstrich*, also zum Pendler hin, bedeutet viel,
- *Querstrich*, also vor dem Pendler nach links und rechts, bedeutet wenig.

In einem zweiten Schritt betrachten Sie sorgfältig das folgende Handschema (Abb. 24), das Sie als Grundlage zum Pendeln über der linken Hand Ihres Partners benutzen können.

Nun entfernen Sie alle Objekte aus Ihrer Nähe, die starke Schwingungsfrequenzen haben, und nehmen gemeinsam mit Ihrer Part-

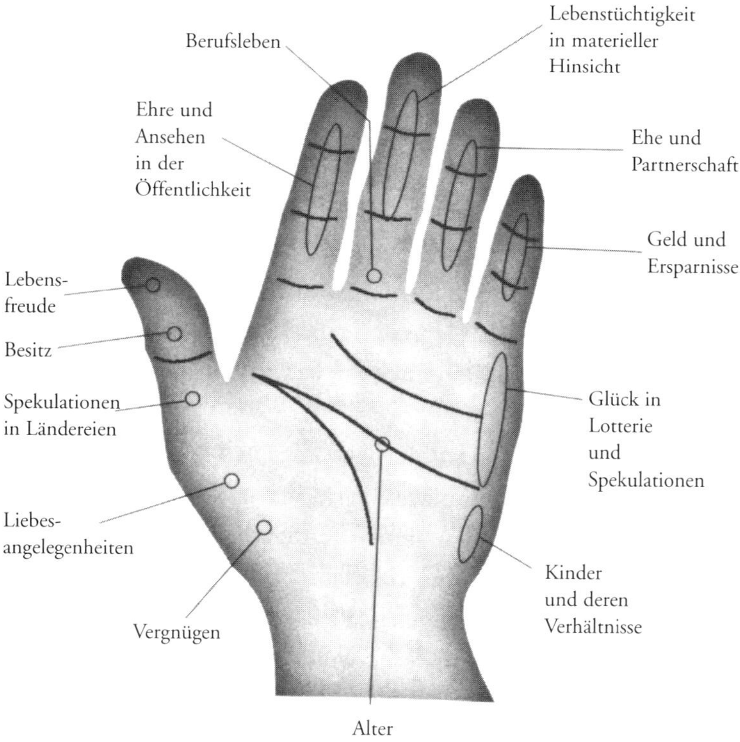

Abb. 24: Themen des Handpendelns

nerin/Ihrem Partner eine meditative Grundhaltung ein. Halten Sie das Pendel über die einzelnen Bereiche, zu denen Sie fragen wollen. Natürlich sollten Sie mit Ihrer Partnerin/Ihrem Partner vorher abgesprochen haben, welche Themen Sie näher erforschen wollen. Hierüber muss Einigkeit bestehen.

Je deutlicher das Pendel schwingt, desto klarer ist die Antwort. Aber auch in diesem Fall gilt, dass jede Pendelaussage überprüft werden muss, sei es durch Gegenfragen, durch Umformulierungen, die eine andere Antwortart erfordern, oder durch Wiederholung zu einem späteren Zeitpunkt.

Welche Fragen sind möglich? Der Handteller lässt sich über das Alter befragen, etwa in der Form: Werde ich mein Alter in materiell abgesicherten / ungesicherten / ärmlichen Verhältnissen verbringen? Werde ich gesellschaftliche Anerkennung im Alter genießen? Werde ich gesund und rüstig sein? Werde ich einen Freundeskreis haben? Werde ich einsam sein? Werde ich eine/mehrere schmerzhafte Trennung(en) erleben? Werde ich im Einvernehmen und in Freundschaft mit meiner Familie altern? Werde ich im Kreis der Familie/in einem Altenheim altern? Alles ist jedoch im Leben veränderbar! Übrigens, hauptsächlich durch unsere Gedanken und Taten und selbstverständlich auch durch Meditation.

Der Daumenballen (Venusberg) eignet sich zur Befragung nach Liebe und irdischen Freuden: Bin ich in der Lage, anderen Menschen Freude und Glück zu bringen? Habe ich eine gesunde Erotik? Können meine Mitmenschen sich auf mich verlassen? Bin ich treu? Habe ich ein Bedürfnis nach Abwechslung in Liebesangelegenheiten? Bin ich in meiner Liebesbeziehung erfüllt?

Der Daumen gibt Auskunft über allgemeine Lebensfreude, aber auch über materielle Grundlagen, etwa Besitz, auch Grundbesitz. Mögliche Fragen können lauten: Kann ich (weiteren) Grundbesitz erwerben? Wenn ja: Wird mir dabei eine Erbschaft helfen? Werde ich diesen Grundbesitz durch eigenen Fleiß erarbeiten? Werde ich diesen Grundbesitz behalten / erweitern? Werde ich Glück mit Grundstücksspekulationen haben? Wenn nein: Werde ich Verluste bei Spekulationen haben? Werde ich möglichen Besitz durch Leichtsinn / falsche Entscheidungen verlieren oder zerstören?

Die vier Finger sind durch drei Glieder unterteilt. Das dem Handteller nächste Fingerglied steht für das erste Lebensdrittel, das folgende für das zweite und die Fingerspitze für das letzte Lebensdrittel.

Der Zeigefinger informiert über Ihre Stellung in der Öffentlichkeit, Respekt und Anerkennung, die Ihnen generell entgegengebracht werden. Fragen Sie zum Beispiel:

Genieße ich allgemeine Anerkennung? Wenn ja, aufgrund meiner Tüchtigkeit/meiner Herkunft/meiner Anteilnahme an den Problemen anderer/meines Vermögens/meines selbstlosen Engagements in gemeinnützigen Einrichtungen/meiner beruflichen Stellung? Wenn nein: Habe ich im gesellschaftlichen Leben Misserfolge? Habe ich Probleme, mich an Recht und Gesetz zu halten? Bin ich unbeliebt wegen meines/r Charakterfehlers/Arroganz/Feigheit/Desinteresses an sozialen Belangen und meiner Umwelt, meines Egoismus?

Der Mittelfinger deckt den Bereich der Lebenstüchtigkeit ab. Er umfasst den materiellen wie ideellen Teil. Folgende Fragen bieten sich beim Pendeln an dieser Stelle an: Bin ich ein tüchtiger Mensch? Wenn ja, bin ich beruflich erfolgreich? Kann ich es im Leben zu etwas bringen? Lebe ich in guten Verhältnissen? Habe ich günstige Berufsaussichten? Vermag ich, meine Tüchtigkeit zum Wohl anderer einzusetzen? Werde ich meine Stelle wechseln? Tue ich genug für meine geistige/seelische Entwicklung? Wenn nein: Habe ich Schwierigkeiten im Beruf? Bin ich zu unstet im Berufsleben? Sollte ich weniger häufig die Stelle wechseln? War ich in meiner Jugend zu bequem? Belastet mich mein Berufsleben? Sollte ich mich mehr um das Wohl meiner Mitmenschen kümmern? Tue ich zu wenig für meine geistige/seelische Entwicklung?

Der Ringfinger verweist auf den Bereich zwischenmenschlicher Beziehungen, insbesondere auf die feste Partnerschaft. Beim Pendeln an dieser Stelle können Sie Antwort erhalten zu folgenden Fragen: Führe ich eine glückliche Ehe/partnerschaftliche Beziehung? Wenn ja: Ist diese Verbindung von langer Dauer? Ist diese Beziehung auch dauerhaft glücklich? Werden andere Menschen sich zwischen mich und meinen Partner stellen wollen? Wenn nein: Steht eine Trennung bevor? Wird es eine neue Partnerschaft für mich geben? Werde ich eine glücklichere Partnerschaft eingehen können? Werde ich allein bleiben? Neige ich dazu, mir immer die falsche Partnerin/den falschen Partner auszusuchen? Verliebe ich mich in den falschen Frauen-/Männertyp zu schnell/nach einseitig sexuellen/ideellen/äußerlichen Gesichtspunkten? Projiziere ich unerfüllbare Erwartungen in meine Partnerin/meinen Partner? Habe ich unrealistische Vorstellungen von Partnerschaft?

Der kleine Finger ist zuständig für Geldangelegenheiten allgemeiner Art. Fragen Sie hier beispielsweise: Habe ich Erfolg in Geldangelegenheiten? Lege ich mein Geld vernünftig an? Gehe ich gut mit Geld um? Kann ich nicht mit Geld umgehen? Bin ich zu leichtsinnig im Ausgeben von Geld? Werde ich im Alter nicht genug gespart haben? Muss ich mir Sorgen wegen Geldschwierigkeiten machen? Verdiene ich genug? Habe ich Verluste durch einen verschwenderischen Lebensstil?

Der Handballen unterhalb des kleinen Fingers, auch Merkurberg genannt, lässt sich zu Geldanlagen, Spekulationen, Börsengeschäften, Erbschaftsangelegenheiten, also allen Dingen, die mit dem rein materiellen Bereich des Kapitals zusammenhängen, befragen.

Darunter befindet sich der so genannte Mondberg, der rechte Handballen in der Nähe des Handgelenks. Hier kann man sich nach allen Angelegenheiten der Kinder erkundigen, beispielsweise folgende Fragen stellen: Habe ich Glück mit den Kindern? Leben wir in Harmonie miteinander? Sind meine Kinder glücklich/begabt/gesund/schwierig? Steht uns eine Trennung/ein Verlust bevor? Werden wir in unserer Ehe/Partnerschaft viele/wenige Kinder haben?

Auch wenn das Pendelorakel gelegentlich auf Skepsis stößt, die im Übrigen dort, wo es laienhaft, spielerisch und unernst eingesetzt wird, durchaus berechtigt ist, möchte ich zu bedenken geben, dass unser Unterbewusstsein weise ist und sehr viel mehr Wissen hat, als wir uns vorstellen können. Immerhin nimmt es Informationen aus feinstofflichen Energien, Strahlungen und Schwingungen auch kosmischer und göttlicher Provenienz auf, die unser Bewusstsein nicht hat. Wenn wir den Strom zwischen unserem Unterbewusstsein und dem Bewusstsein lebendig halten, können wir sehr viel mehr über uns und unsere Umwelt erfahren.

Befragen Sie Ihr Pendelorakel: Es steht Ihnen eine Überraschung bevor. Doch auch hier gilt, hinter jedem Leben und der gesamten Schöpfung steht eine höhere Kraft, die wir Gott nennen.

Pendeln über einer Fotografie

In diesem Abschnitt stelle ich Ihnen eine Methode vor, die Ihnen mysteriös erscheinen mag: das Pendeln über einer Fotografie, mit dem Aussagen zu abwesenden Personen gemacht werden können. Tatsächlich entzieht sich dieser Bereich trotz vielfältiger Untersuchungen bisher wissenschaftlichen Erklärungen, auch wenn diese Methode zumindest parapsychologisch unter Beweis gestellt worden ist. Dennoch: Sie funktioniert. Hier haben wir es mit einem reinen Erfahrungsphänomen zu tun, das von jedermann nachvollzogen werden kann.

Wenn Sie etwas über die Gesundheit eines Menschen erfahren wollen, können sie außer einer Pendelmessung am Körper auch die Messung einer Fotografie vornehmen. Bei fehlender oder zu kleiner Ganzkörperaufnahme können Sie auch die Umrisse der Person auf ein Blatt zeichnen. Dieses sollten Sie vorher einige Male mit dem Handrücken oder einem Tuch glatt gestrichen haben, um störende Fingerabdrücke zu beseitigen.

Konzentrieren Sie sich auf Ihre Vorlage, und verbinden Sie sie mental mit der betreffenden Person. Sie können die gleichen Fragen stellen, die Sie der anwesenden Person stellen würden, das Ergebnis bleibt unverändert. Halten Sie nun das Pendel über die Skizze, und fragen Sie: »Ist diese Person krank?« Bejaht das Pendel durch die (vorher festgelegte) entsprechende Bewegung, fahren Sie fort, indem Sie wie bei der bereits dargestellten Organmessung am Körper die einzelnen Organe auspendeln.

Diese Methode hat übrigens unbestreitbare Vorteile gegenüber der Messung am Körper: Sie können sie jederzeit ausführen, es treten keine Beeinflussungen seitens der untersuchten Person auf, die die Ergebnisse durch Ablenkungen oder störende Gedanken verfälschen könnte, und Sie können eine Information erhalten, die am Körper nicht so einfach ablesbar ist, nämlich: Ob Krankheiten oder Energieblockaden durch pathogene Störfelder bedingt sind. Hat sich bestätigt, dass elektromagnetische Schwingungen durch Wasseradern, Mobilfunk und Antennen oder kosmische Strahlen den Körper schwächen, kann man gezielt die Störzone im Körper lokalisieren. Unterteilen Sie Ihre Vorlage in Felder, und fragen Sie diese rund um die skizzierte Person ab: »Ist hier ein Störfeld?« Sie können auf diese Weise ermitteln, ob die Person auf einer Wasserader oder einem Currynetz (Strahlungen aus dem Erdinnern, vermutlich bedingt durch radioaktiven Zerfall im flüssigen Magma) schläft und wie diese verlaufen. Solche Ergebnisse müssen dann an Ort und Stelle sowie durch Messung am Körper überprüft werden.

Übrigens geben Fotografien von radioaktiv verseuchten Menschen diese Strahlen an das Pendel weiter, was Sie anhand von Zeitungsbildern solcher armen Menschen leicht überprüfen können.

Beim Pendeln über der Fotografie oder einer Zeichnung eines nicht anwesenden Menschen ist eine hohe moralische Kompetenz nötig. Nur mit größtmöglicher Gewissenhaftigkeit, Aufrichtigkeit und immer nur mit der Zustimmung der betreffenden Person haben Sie das Recht, Fragen über sie zu stellen. Im Sinne Ihrer eigenen spirituellen Entwicklung sollten Sie sich jeglicher Anwendung des Pendels aus niederen Motiven enthalten.

Resonanzpendeln

Das Pendel kann anzeigen, ob zwischen zwei Gegenständen, zwei Personen oder einer Person und einem Gegenstand Harmonie, Gleichschwingung beziehungsweise Sympathie besteht.

Hierbei lautet die Grundfrage, die allerdings variiert werden darf: »Welche Schwingung herrscht vor?« Besteht Harmonie zwischen zwei Objekten, wird das Pendel eine Bewegungslinie zwischen beiden ziehen, sie also verbinden. Besteht Antipathie, wird es eine trennende Bewegung machen, bei Ähnlichkeit eine schräge Bewegung, die zwischen den beiden anderen Bewegungen liegt. Die unentschiedene Schrägbewegung des Pendels kann auch Neutralität bedeuten.

Zunächst sollten Sie eine Übung zum Resonanzpendeln machen. Stellen Sie zwei Objekte im Abstand von 30 Zentimetern voneinander auf den Tisch. Beginnen Sie mit zwei gleichen Objekten, z.B. zwei Packungen Mehl derselben Sorte. Halten Sie das Pendel in der Mitte zwischen beiden Packungen, und fragen Sie: »Welche Schwingung liegt hier vor?« Was geschieht? Zeigt das Pendel »Verbindung« an?

Nun stellen Sie zwei Packungen Mehl unterschiedlicher Qualität nebeneinander und pendeln zwischen beiden. Wie bewegt sich das Pendel nun? Ist die Linie nicht mehr eindeutig verbindend zwischen beiden Packungen? Die Auslegung einer solchen Bewegung wäre jedenfalls naheliegend: Ähnlichkeit wird signalisiert, weil in beiden Packungen Mehl enthalten ist, allerdings nicht identisches Mehl.

Und nun wiederholen Sie die Übung mit einer Packung Mehl und einer Packung Zucker. Zeigt das Pendel »Trennung« an?

Möglicherweise halten Sie diese Übung nicht für spannend genug, weil Sie sagen, Sie seien beeinflusst gewesen und hätten das Ergebnis in dem Sinne manipuliert, wie es auch verstandesmäßig zu erwarten war. In diesem Fall machen Sie die Übung doch noch einmal, diesmal aber lassen Sie jemand anderen Ihre (gleich großen) Pakete von einem undurchsichtigen Tuch bedecken und nach jedem Pendelschritt austauschen. Interessant wäre es zu erfahren, ob die Pendelbewe-

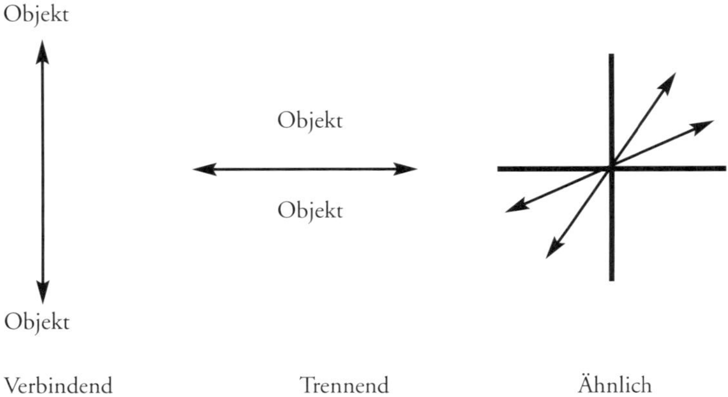

Abb. 25: Pendelbewegungen beim Resonanzpendeln

gungen zu den gleichen, eindeutigen Ergebnissen geführt haben wie beim ersten Mal.

Übrigens können Sie Ähnlichkeiten zwischen zwei Objekten mittels nachfolgend abgebildeter Pendelkarte noch genauer untersuchen: Um beim bereits zitierten Beispiel zu bleiben, können Sie diese Pendelkarte benutzen, um herauszufinden, wie stark die Ähnlichkeit verschiedener Mehlsorten in Prozentangaben ist.

Generell ist die Prozentmessungskarte übrigens in unterschiedlichen Bereichen anzuwenden. So können Sie auch Fragen zur Echtheit von Schmuck, zur Reinheit von Metallen oder auch zu Ihrer körperlichen Energie stellen.

Wenn Sie wissen wollen, ob jemand gut zu Ihnen passt, halten Sie beide jeweils Ihren Daumen in einem Abstand von 20 bis 30 Zentimetern zueinander, und fragen Sie: »Welche Schwingung liegt vor?« oder noch unmittelbarer: »Passen wir zusammen?«

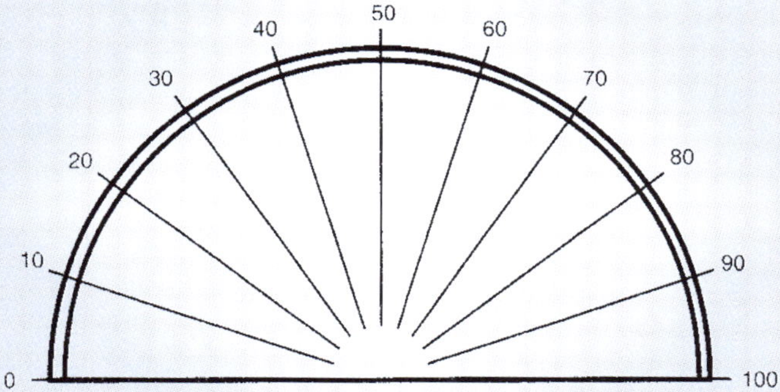

Pendeltafel %

Abb. 26: Prozentmessung per Pendelkarte

Beschreibt das Pendel eine beide Daumen verbindende Bewegung, schwingt es von dem einen zum anderen, so besteht Harmonie zwischen Ihnen beiden. Falls das Pendel jedoch eine zwischen den Daumen trennende Bewegung macht, zwischen beiden Daumen auf und abschwingt, fehlt eine solche innere Übereinstimmung.

Sie können mit dieser einfachen Methode überprüfen, ob bestimmte Nahrungsmittel für Sie verträglich sind, indem Sie das Nahrungsmittel auf den Tisch vor sich hinlegen, die gleiche Frage wie oben stellen und die Pendelbewegung beobachten. Ist das Nahrungsmittel bekömmlich, wird das Pendel zwischen diesem und Ihnen eine Verbindungslinie ziehen. Im anderen Fall sollten Sie Vorsicht walten lassen.

Diese Methode wird häufig angewandt, um die Verträglichkeit von Bachblüten und Teemischungen zu testen. So heilsam und hilfreich Kräutertees (siehe »Kräuter-Heilkarten«) sind, sollte man doch bei vielen Sorten sorgfältig dosieren und auch dieselbe Mischung nicht über zu lange Zeiträume einnehmen. Hier ist auf Ausgeglichenheit zu achten. Daher ist das Pendel ein einfaches Hilfsmittel, um die richtige Verwendung der richtigen Teesorte zu kontrollieren.

Das Pendel wird Ihnen auch schädliche Gifte signalisieren, die besonders bei nicht biologisch-dynamisch angebauten Lebensmitteln in Form von Pflanzenschutzmitteln auf und in die Pflanze geraten sind.

Der Resonanztest ist leicht und schnell durchgeführt und lässt sich in vielen Bereichen einsetzen. Wissen Sie nicht, was Sie anziehen sollen oder welche Farbe Ihnen heute guttut, befragen Sie Ihr Pendel. Auch beim Kauf einer neuen Uhr sollten Sie möglicherweise Ihr Pendel konsultieren, dann nämlich, wenn Sie eine Unverträglichkeit gegenüber einem bestimmten Metall haben. Legierungen sieht man in der Regel ihre Zusammensetzung nicht an, das Pendel kann hier zumindest sagen, ob Sie das Metall vertragen. Insbesondere bei Edelsteinen ist sorgfältige Prüfung nötig, da sie starke Informationsträger sind. Bedenken Sie etwa, dass Computerchips häufig aus Quarzkristallen bestehen. Das erfordert allerdings auch, dass man die Steine gründlich unter fließendem Wasser reinigt, damit sie von allen bisher aufgenommenen Schwingungen (der Verkäufer, der Schleifer, die Erbtante) befreit werden.

Allgemein ist der Resonanztest eine große Hilfe in allen Fällen von Allergie und Unverträglichkeiten, sei es jetzt im Bereich der Ernährung, bei Produkten zur Körperpflege oder bei Materialien, die wir auf der Haut tragen, ja, wir können sogar Räume und deren Ionisierung mit Hilfe des Pendels erforschen (siehe Kapitel über Störzonen). Verträglichkeit von Medikamenten hingegen sollte vom medizinischen Laien nicht ausgependelt werden.

Einfache Übungen mit dem Pendel

In diesem Abschnitt stelle ich Ihnen einige Übungen mit dem Pendel aus ganz unterschiedlichen Bereichen zusammen. In jedem Fall ist eine entspannte, ruhige Haltung Voraussetzung. Am besten beginnen Sie die Pendelarbeit nach einer Meditation.

Erste Übung

Breiten Sie vor sich auf dem Tisch in einem Abstand von ca. 20 bis 30 Zentimetern einige Farbkarten aus. Besonders empfehlenswert sind die Farbkarten des Farb-Energie-Sets zum 12-Farben-Test, die zwölf verschiedene Farben nach einem speziellen Verfahren in besonderer Reinheit gespeichert haben (siehe Anhang). Sehen Sie nacheinander jede einzelne Farbe an, lassen Sie sie auf sich wirken. Dann nehmen Sie das Pendel auf und halten es über den Tisch. Warten Sie ruhig die Reaktion Ihres Pendels ab. Vollzieht es eine Resonanzbewegung zu einer bestimmten Farbe, so nehmen Sie die entsprechende Karte auf. Lassen Sie die Energien dieser Farbe auf sich wirken. Versenken Sie sich in diese Farbe, nehmen Sie sie ganz in sich auf, bis Sie die Farbe bei geschlossenen Augen visualisieren können. Wenn Sie das Gefühl haben, dass die Farbkarte Ihnen in ausreichender Form Kraft gespendet hat, öffnen Sie wieder die Augen. Legen Sie die Karte zurück, und überprüfen Sie mit dem Pendel, ob Ihnen die aufgenommenen Energien dieser Farbe genügen. Sollte das Pendel eine weitere Resonanz zu dieser Farbe anzeigen, nehmen Sie die Karte nochmals auf.

Sie können auch die energetische Kraft mehrerer Farben benötigen. In diesem Fall deutet das Pendel zuerst auf die Farbe, die am dringendsten gebraucht wird, und anschließend auf eine weitere Farbe.

Wie fühlen Sie sich am Ende der Übung? Haben Sie den Eindruck, gestärkt zu sein? Fühlen Sie sich frischer, energischer oder möglicherweise befreit von innerer Unruhe? Auf jeden Fall wünsche ich Ihnen die Erfahrung, dass Farben Ihnen Kraft und Wohlsein vermitteln können.

Zweite Übung

Breiten Sie vor sich verschiedene Nahrungsmittel aus, zum Beispiel einen frischen Apfel, eine Scheibe Vollkornbrot, eine helle Semmel, frische Bohnen vom Markt, Bohnen aus der Dose, eine Tasse Tee und eine Tasse Kaffee. Diese Liste ist beliebig erweiterbar, und sicherlich können Sie mit Phantasie die interessantesten Vergleiche anstellen. Fragen Sie Ihr Pendel zunächst nach der Lebensenergie, die in jedem Nahrungsmittel steckt. Gehen Sie so vor, dass Sie das Pendel nacheinander über die einzelnen Lebensmittel halten. Die Stärke des Pendelausschlags spiegelt die Lebensenergie der Speise wider. In einem zweiten Schritt machen Sie eine Resonanzprüfung, indem Sie das Pendel zwischen sich und die einzelnen Lebensmittel halten. Das Pendel zeigt durch eine verbindende Linie Verträglichkeit, durch eine trennende Linie Unverträglichkeit und durch Stillstand oder eine unentschiedene Bewegung Neutralität an.

Auf diese Weise können Sie mit etwas Übung täglich Ihren Speisenplan zusammenstellen und eine gesunde, auf Ihre individuellen Ernährungsbedürfnisse eingestellte Diät einhalten.

Dritte Übung

Mit dem Pendeln können Sie nicht nur sich selbst und Ihren Mitmenschen Gutes tun, Sie können auch überprüfen, ob Ihre Pflanzen gut gedeihen oder ob äußere Einflüsse Ihre Lebensenergien dämpfen.

Halten Sie das Pendel über eine Pflanze. Eine positive Schwingung (im Rechtskreis) zeigt Ihnen an, dass es der Pflanze gutgeht. Eine negative Drehung hingegen deutet darauf hin, dass die Pflanze an einem Platz steht, an dem ihr Energien entzogen werden. Dann braucht die Pflanze einen anderen Ort, an dem sie sich erholen kann. Falls das Pendel einen sehr heftigen Positivkreis beschreibt, bedeutet das hingegen nicht unbedingt, dass Ihre Pflanze einen optimalen Energieort gefunden hat. Wahrscheinlich erhält sie zu viele Energien und wächst zu schnell. Auch in diesem Fall suchen Sie bitte einen anderen Platz. Neutrale Orte, an denen gar keine Pendelreaktion auftritt, wären in diesem Fall für einige Tage günstig. Aber auf Dauer sind sie dem Wachstum und der Entwicklung der Pflanze nicht förderlich.

Übrigens eignen sich energetisch neutrale Stellen, um unbeeinflusst zu meditieren und Entspannungsübungen durchzuführen.

Sie können möglicherweise Ihren Pflanzen mit einer weiteren Pendelübung einen großen Gefallen tun. Überprüfen Sie doch einmal mit einem Resonanztest, wie wohl sich Ihre Topfpflanzen in der Nachbarschaft zu ihren Artgenossen fühlen. Es kann sich erweisen, dass zwei Pflanzen, die nebeneinander stehen, »Antipathien« gegeneinander hegen. Sie sollten getrennt und jeweils in eine sympathischere Umgebung gestellt werden. Beobachten Sie die weitere Entwicklung Ihrer Pflanzen. Wahrscheinlich gedeihen sie sichtbar besser, nachdem Ihnen das Pendel deren energetische Verfassung gezeigt hat und Sie Missstände beseitigen konnten.

Vierte Übung

Diese Übung berührt einen Bereich, über den ich bisher noch gar nicht gesprochen habe und auf den ich im folgenden Kapitel näher eingehe. Zeichnen Sie auf ein Blatt verschiedene geometrische Formen: Kreise, Ellipsen, Kreuze, gerade Linien, Drei-, Vier-, Fünf-, Achtecke (oder auch Formen mit anderer Eckenzahl) und schließlich eine liegende Acht, eine sogenannte Lemniskate, das mathematische Symbol für »unendlich«.

Nun halten Sie das Pendel über jede einzelne Form und beobachten wie es schwingt. Sie werden feststellen, dass jede Form eine eigene Schwingungsbewegung auslöst. Notieren Sie die Ergebnisse auf einem Zettel, und wiederholen Sie die Übung. Ergibt sich eine Regelmäßigkeit, wiederholen sich die Pendelbewegungen in derselben Form wie beim ersten Durchgang, oder sind sie beliebig?

Nun, Sie werden bei dieser Übung bemerkt haben, dass jeder geometrischen Form eine bestimmte Schwingung zugrunde liegt. Solche Zusammenhänge sind übrigens seit langen Zeiten Baumeistern bekannt, die ihr Wissen bei der Planung, etwa von Kirchen, eingesetzt haben. Man kann eine an Formschwingungen orientierte Bauweise bis in unsere Vorzeit zurückverfolgen, wobei bestimmte Formationen uns heute nicht mehr klar sind, etwa die Symbolenergien, auf denen die Menhir-Aufstellungen der bretonischen oder angelsächsischen Druidenplätze beruhen.

Ein ganz eigener Fall ist die Pyramide. Falls Sie zufällig ein Objekt in Pyramidenform besitzen, stellen Sie es vor sich auf und halten Ihr Pendel darüber. Sie werden erstaunt beobachten, wie das Pendel auf offensichtlich enorme Energien oberhalb der Pyramidenspitze reagiert.

III Besondere Energieschwingungen

In diesem Kapitel möchte ich Sie mit einigen Formen der Energieschwingungen in der Natur bekannt machen. Es gibt Strahlen, die sich auf den Menschen negativ auswirken, wie zum Beispiel solche, die von pathogenen Störzonen ausgehen, wie auch Schwingungsenergien, die uns stärken und kräftigen und sogar lebenserhaltend beziehungsweise verlängernd wirken können. Tatsächlich besteht ja unser ganzes Leben aus Schwingungen unterschiedlichster Frequenzen. Sie gehen von Festkörpern, von den Planeten, von der Erde unter uns, von allen Dingen in unserer natürlichen Umgebung aus – und leider auch in zunehmendem Maße von elektrischen Geräten, die wir um uns anhäufen und deren Strahlungen häufig stören und krank machen. Jeder Organismus benötigt Strahlenanreize, mit denen er sich fortwährend auseinander setzt, zum Wachstum, zur Entwicklung, auch zur Heilung. Erst wenn diese natürlichen Strahlenanreize in besonders hoher Dosierung – etwa nach einem nuklearen Prozess, bei dem große Mengen an Radioaktivität freigesetzt werden – oder über einen langen Zeitraum, etwa durch einen Arbeitsplatz vor dem Computer, auf den menschlichen Körper treffen, wirken die Strahlen sich auf den Organismus schädlich aus.

Bei meiner Darstellung erhebe ich keinesfalls Anspruch auf Vollständigkeit. Abhandlungen über Wasseradern, Currystreifen, Globalgitternetze und Verwerfungen sowie über die energetisierende Kraft der Pyramide füllen ganze Bibliotheken. Ich begnüge mich damit, Ihnen hier einen ersten Überblick zu verschaffen. Wenn Sie ein Aspekt des hier Dargestellten besonders interessiert, empfehle ich eine vertiefende Lektüre entsprechender Fachliteratur.

Ermittlung pathogener Störzonen mit dem Pendel

Erdstrahlen gehen von ganz verschiedenen Phänomenen aus, etwa von Wasseradern, von im Erdinnern erzeugter Radioaktivität, von Erdöl und -gas, von Erdverwerfungen, also den Stellen, an denen die Erdkruste sich gegeneinander verschoben hat, von Erzen und Mineralien oder von elektrischen Feldern. Grundsätzlich sind Erdstrahlen nichts Schlechtes. Es gibt Orte, an denen eine stark energetisierende und kräftigende Strahlung vorherrscht, andere, die Energie abziehen und dauerhaft zu Schädigungen des Organismus und zu Krankheiten führen. Es gilt herauszufinden, welche Orte gut für einen sind und welche krank machen. Nur die krank machenden werden als pathogene Störzonen bezeichnet.

Zu ihnen zählt man die Schwingungen, die von so genannten Gitternetzen ausgehen, zum Beispiel von dem nach seinem Entdecker benannten Currynetz. Wie auch die im so genannten Globalgitternetz festgehaltenen kosmischen Strahlen zeichnen sich die Strahlen aus dem Erdinnern durch eine erstaunliche Gleich- und Regelmäßigkeit, ja geradezu durch Geometrizität aus. Die ungefähr 21 Zentimeter breiten Streifen des Currynetzes, die wahrscheinlich bedingt sind durch radioaktiven Zerfall im flüssigen Magma, verlaufen diagonal in beiden Richtungen zur Nord-Süd-Achse, je nach Jahreszeit in einem Abstand von zweieinhalb Metern.

Zur Ermittlung solcher Zonen kann man neben der Einhand- und der Wünschelrute auch das Pendel benutzen, was ich Ihnen im Folgenden vorführen möchte.

Wenn Sie sich über einen längeren Zeitraum erschöpft fühlen, keine Kraft haben, um auch nur die einfachsten und notwendigsten Dinge des Alltags zu erledigen, sich darüber hinaus häufig depressiv fühlen und im Leben keinen rechten Sinn mehr sehen können, sollten Sie

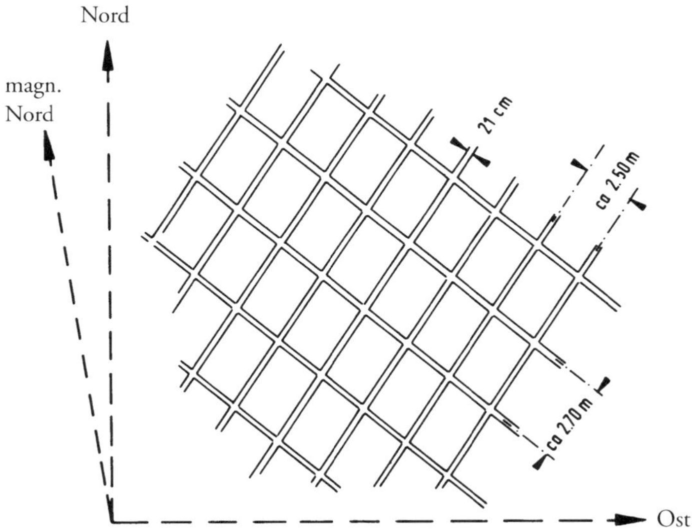

Abb. 27: Currynetz

systematisch überprüfen, woher dieser Zustand rühren könnte: Seit wann fühlen Sie sich so? Haben Sie vor einiger Zeit irgendetwas in Ihrem Leben geändert? Sind Sie umgezogen? Haben Sie innerhalb des Hauses Veränderungen vorgenommen? Sind neue Geräte, Leitungen oder Rohre im Haus oder in der näheren Umgebung installiert worden? Haben Sie die Arbeitsstelle gewechselt? Die Zimmer, die Möbel umgeräumt? Steht Ihr Bett an einer anderen Stelle?

Manchmal jedoch führen solche Überlegungen noch zu keinem Ergebnis, da je nach körperlicher Konstitution die Einwirkungen einer pathogenen Störzone sich erst nach Jahren spürbar auf die Gesundheit auswirken.

Besonders wenn Sie sich morgens unausgeschlafen, ja zerschlagen und gerädert fühlen, obwohl Sie durchaus die ganze Nacht geschlafen haben, ist es naheliegend, dass Ihre schlechte Verfassung mit einer Störzone unterhalb Ihrer Schlafstelle zusammenhängt.

Dies können Sie mit der Hilfe Ihres Pendels herausfinden. Zunächst halten Sie das Pendel über verschiedene Stellen Ihres Bettes und fragen: »Ist hier eine Störzone?« Im Gegensatz zum Rutengänger sollten Sie mit Ihrem Pendel an einem Ort unbewegt stehen bleiben. Wenn Sie ein punktuelles Ergebnis ermittelt haben, suchen Sie sich einen anderen Ort, den Sie erneut untersuchen.

Sind Sie zu dem Ergebnis gekommen, dass tatsächlich negative Erdstrahlen an dieser Stelle wirken, sollten Sie noch herausfinden, an welcher Stelle diese auf Ihren Körper treffen. Sie können hierzu eine Skizze von Ihrem Bett anfertigen und eine liegende Figur darauf einzeichnen. Nun pendeln Sie über dem Bild und fragen: »Wo treffen die Erdstrahlen auf meinen Körper?« Vergleichen Sie das Ergebnis, das vom Pendel angezeigt wird, mit Ihren Beschwerden. Haben Sie tatsächlich häufig Kopfschmerzen? Fühlen Sie sich wirklich oft schwach und hohl im Brustraum? Haben Sie häufig schwankenden Blutdruck oder Herzrasen?

An dieser Stelle der Untersuchung sollten Sie unbedingt eine Überprüfung einschalten, also zu einem späteren Zeitpunkt die Untersuchung wiederholen und neue Fragen stellen, etwa: »Ist mein Schlafzimmer / mein Bettbereich frei von schädlichen Strahlungen?« – »Treffen Erdstrahlen auf mein Bett?« – »Verliere ich an dieser Stelle Lebensenergie?« Nehmen Sie die Prozent-Pendelkarte zu Hilfe, und fragen Sie: »Wieviel Lebensenergie verliere ich an dieser Stelle in Prozent?«

Bestätigt sich nach der Überprüfung die Vermutung, dass Ihr Bett auf einer Strahlungszone liegt, gilt es nun, einen Ort zu finden, an dem Ihr Schlaf nicht gestört wird. Neben Stellen, an denen Lebensenergie abgezogen wird, gibt es umgekehrt solche, die den Organismus vitalisieren. Zum Schlafen sind diese ebenso wenig geeignet. Auch ein Stasisfeld, in dem konträre polare Energien sich gegenseitig aufheben, wäre auf Dauer kein geeigneter Platz. Zum kurzfristigen Ausruhen empfiehlt er sich, da hier Entspannung und Erholung nach Überanstrengung gut möglich sind. Auf Dauer jedoch läuft man Gefahr, sich von irdischen Problemen zu entfernen und »abzuheben«.

Wenn Sie sich auf die Suche nach einem neuen Platz begeben, gehen Sie sorgfältig vor. Testen Sie einzelne Standorte in Ihrer Wohnung mit dem Pendel, vielleicht schlafen Sie an einigen Stellen probeweise. Für Hundebesitzer habe ich hier einen besonders wirkungsvollen Ratschlag: Beobachten Sie, welche Orte Ihr Tier aufsucht, wenn es sich zum Schlafen zusammenrollt. Wo liegt es besonders gerne auch tagsüber? Natürlich meine ich hier Plätze, die der Hund sich selbst aussucht, nicht den Schlafkorb, dessen Stelle Sie ausgesucht haben. Katzen sind keine verlässlichen Ratgeber in dieser Situation, da sie weniger empfindlich auf pathogene Strahlungszonen reagieren oder sich dort sogar gern aufhalten.

Übrigens gibt es auch so genannte »Entstörer«, mit denen man versucht, Störfelder zu neutralisieren. Sie reichen von Steinen, Magneten, Blechbüchsen über »Transformerbetttücher« und kupferdurchwirkte Decken bis hin zu geklopften Steinen und Kupferrohren, die um die Bettstelle angeordnet werden. Die Seriosität dieser Methoden ist unterschiedlich hoch einzuschätzen. Ich möchte auf jeden Fall dazu raten, sich einen neuen Platz für das Bett zu suchen, der tatsächlich frei von schädigenden Energien ist.

Ermittlung radioaktiver Strahlung mit dem Pendel

Umweltgifte umgeben uns in heutiger Zeit in beängstigendem Ausmaß. Mit Hilfe des Pendels können wir erfahren, wie hoch dosiert sie in unserer Umgebung sind. Beispielhaft möchte ich eine solche Untersuchung anhand von Radioaktivität in der Luft und in Nahrungsmitteln beschreiben. Angesichts der Tschernobyl-Katastrophe, aus der uns immer noch Rest-Radioaktivität umgibt, sowie der ständigen Schreckensbotschaften über mysteriöse Krankheiten, die auffällig

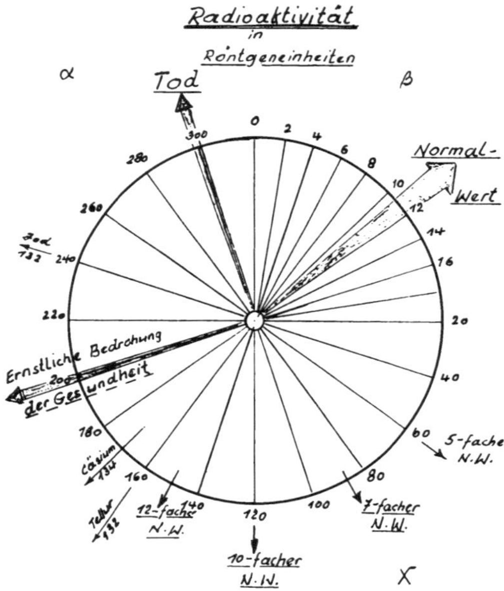

Abb. 28: Messkreis für radioaktive Strahlung

häufig in der Nähe von Atomkraftwerken auftreten, ist es ein legitimes Interesse, sich über die Werte von Radioaktivität in der Luft und in Nahrungsmitteln zu informieren.

Halten Sie das gereinigte Pendel zunächst über das zu messende Nahrungsmittel, anschließend über die voranstehende Pendelkarte.

Bei hoher radioaktiver Strahlung in der Luft kann man die schädliche Strahlung durch Einnahme von Salbei- und Johanniskrauttee mildern. Sollte sich eine hohe Strahlenbelastung bei Lebensmitteln herausstellen, können Sie diese mit Hilfe der Pyramidenenergie (siehe nächstes Kapitel) bestrahlen und somit die Gefährdung mindern.

Sie können nach diesem Verfahren auch andere schädliche Strahlungseinflüsse testen, etwa um zu erfahren, ob Lebensmittel mit Insektiziden behandelt wurden oder ob das Leitungswasser eine geringe Qualität hat. Vergessen Sie nicht, Ihr Pendel anschließend unter fließendem Wasser gründlich zu reinigen.

Die Pyramidenenergie

Das Wunder der Pyramidenkonstruktion, deren berühmteste und älteste die über zwölftausendjährige (!) Cheops-Pyramide in Ägypten ist, erfüllt Generationen von Menschen überall in der Welt mit Ehrfurcht – und füllt ganze Bibliotheken mit Beschreibungen der einzigartigen architektonischen und mathematischen Bedingungen, die in diesen Bauwerken erfüllt sind. Es ist uns heute unbegreiflich, wie es den alten Ägyptern möglich war, in einem einzigen Gebäude die wichtigsten mathematischen und geometrischen Grundzahlen zu repräsentieren: die Zahlen des Pythagoras ebenso wie die kosmische Konstante 1,618 (die »Fibonaci-Reihe«), die Kreiszahl 3,14 ebenso wie den goldenen Schnitt und sogar das heute noch gebräuchliche Maß 25,4 mm, das englische Zoll.

Uns interessiert in diesem Zusammenhang vor allem, dass die Pyramide ein Energieort ist. Aufgrund ihrer Form ist sie in der Lage, Energie zu generieren, wobei unterhalb ihrer Spitze die höchsten Energiekonzentrationen, aber auch im unteren Drittel besonders hohe Werte nachweisbar sind.

Diese Energie können wir uns zunutze machen, denn sie lässt sich – etwa über ein Kabel – nach außen leiten. Auch wenn wir keine Cheops-Pyramide zur Verfügung haben, können wir dennoch die Wirkung der Pyramide mit Hilfe einer Nachbildung erzielen. Auf die Form kommt es an, nicht unbedingt auf die Größe und das Material. Zwei wichtige Voraussetzungen sind nur, dass eine Seite der Pyramide genau in Nord-Süd-Richtung ausgerichtet ist und dass die Pyramide an einem störungsfreien Ort steht. Für Ihren Pendelversuch können

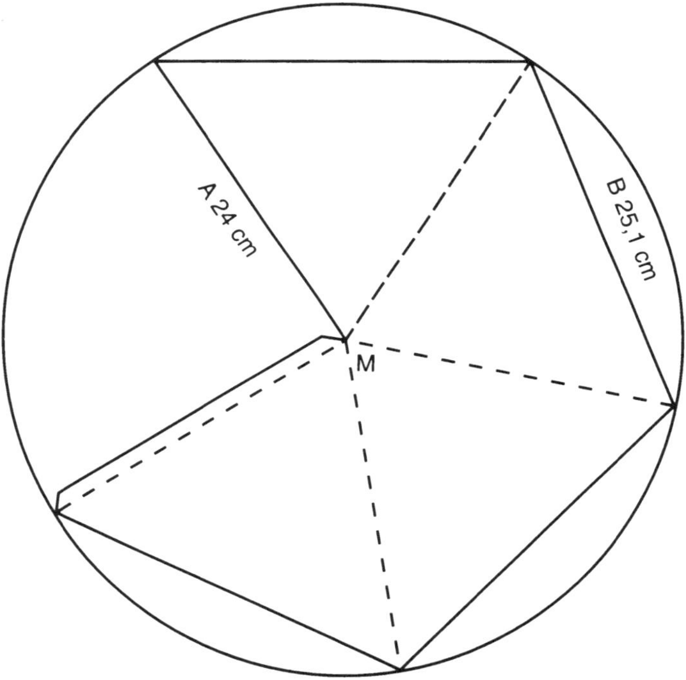

Abb. 29: Pyramiden-Modell

——————— ausschneiden

- - - - - - - falzen

Sie eine Pyramide benutzen, die Sie möglicherweise schon besitzen, etwa als Kristall, oder Sie können sich ein Modell aus etwas festerem Papier selbst herstellen. Bei einem Kreisdurchmesser von 48 Zentimetern erhalten Sie folgende Vorlage (Abb. 29), die Sie abzeichnen oder mit einem entsprechenden Fotokopierer vergrößern, dann ausschneiden und zusammenkleben können:

Richten Sie zunächst Ihre Pyramide so aus, dass die Grundseiten genau in Nord-Süd- beziehungsweise West-Ost-Richtung verlaufen. Hierzu können Sie einen Kompass benutzen und anschließend die Positionierung mit dem Pendel kontrollieren. Markieren Sie diese Position, so dass Sie sie nicht jedesmal erneut suchen müssen.

Sicher möchten Sie anfangs erst ein Gefühl für diese neue Form bekommen. Sie können nach Belieben experimentieren, etwa die Pyramide um ihre Achse drehen und den Pendelausschlag darüber beobachten. Wie verändert er sich? In welcher Pyramidenposition ist er am stärksten? Sie können auch verschiedene Pyramiden mit unterschiedlichen Spitzen und aus unterschiedlichen Größen miteinander vergleichen. Wo reagiert das Pendel am stärksten, wo am schwächsten? Sie können auch das Pendel befragen, ob die von der Pyramide ausgehende Energie für Sie gut und heilsam ist.

Wenn Sie ein Gespür für die Möglichkeiten der Pyramidenenergie bekommen haben, wenden Sie sich gezielteren Versuchen zu. Beispielsweise können Sie ein Glas Wasser unter die Pyramide stellen (bei einem größeren Modell erhöhen Sie das Glas so, dass es im oberen Drittel der Pyramide steht) und ein Kontrollglas vor der Pyramide positionieren. Vergleichen Sie den Pendelausschlag über den Gläsern nach einer bestimmten Zeit. Übrigens gibt es Leute, die auf so genannten »Pyramidenwein« schwören, Wein, den sie für ein bis zwei Wochen unter eine größere Pyramide stellen, wo er in dieser kurzen Zeit einen erstaunlichen Reifungsprozess durchmacht – eine verträgliche und darüber hinaus kostensparende Methode.

Innerhalb der Pyramide verdunstet Wasser schneller als draußen. Fleisch wird darin mumifiziert (was ja allgemein bekannt ist), während es draußen verwest.

Nahrungsmittel, deren Lebensenergie durch Konservierung, Mikrowellenstrahlen oder Insektizide vermindert ist, lassen sich unter der Pyramide wieder mit Energie »aufladen«. Machen Sie einen einfachen Vorher-Nachher-Test. Sie können dabei – außer durch die unterschiedliche Heftigkeit des Pendelausschlages – zusätzliche Genauigkeit erhalten, indem Sie die Prozent-Pendelkarte benutzen. Halten Sie das Pendel zunächst über ein mikrowellenbestrahltes Lebensmittel und anschließend über die Pendelkarte. Fragen Sie: »Wieviel Lebensenergie enthält dieses Lebensmittel in Prozent?« Stellen Sie es nun für zehn bis zwanzig Minuten unter eine Pyramide, und wiederholen Sie den Kartentest. Sie werden feststellen, daß auch ein »totes« Nahrungsmittel, das nach einer Mikrowellenbestrahlung keine Eigenschwingung mehr aufweist, nach Einwirkung der Pyramidenenergie wieder zu strahlen beginnt. Dies ist bereits mit der Kirlianfotografie nachgewiesen worden, wobei mittels hoher Frequenzen bioenergetische Strahlungsfelder, etwa die Aura eines Körpers, fotografisch festgehalten werden.

Sie können auch sich selbst mit der Kraft der Pyramide aufladen. Fühlen Sie sich müde und erschöpft, halten Sie nacheinander ihre Hände und Füße über die Pyramidenspitze in einem Abstand von zehn bis dreißig Zentimetern. Die Entfernung ist abhängig von der Größe der Pyramide: Je kleiner die Pyramide, desto geringer der Abstand. Was die Zeitspanne betrifft, so versuchen Sie, diese intuitiv zu erkennen. Möglicherweise reicht Ihnen eine Aufladung schon nach wenigen Minuten. Mehr als zwanzig Minuten sollten es nicht sein. Erfahrungsgemäß ist dann die Energieaufladung beendet.

Und nun möchte ich Ihnen noch einen ganz besonderen Tipp geben, dessen Wirksamkeit ich verschiedentlich in therapeutischen Seminaren erfahren habe. Sollten Sie zu den Menschen gehören, die dauerhaft oder auch gelegentlich Schwierigkeiten mit ihrer geschlechtsspezifischen Rolle haben, gibt es eine so einfache wie wirksame Methode der Stabilisierung.

Bei Männern, die Ihre männliche Rolle nach schlechten Erfahrungen oder nach einer misslungenen Geschlechtssozialisation in der Kindheit in Frage stellen oder nicht annehmen können, ist es hilfreich,

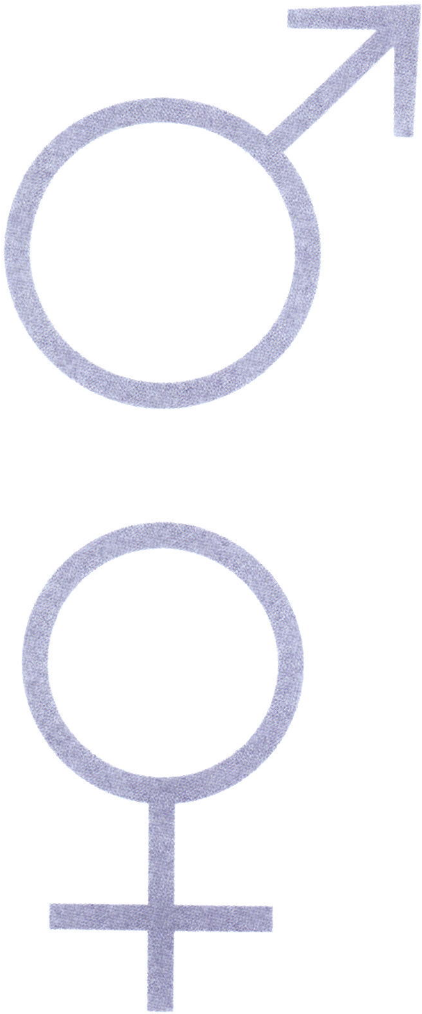

Abb. 30: Männlichkeits-Emblem/Weiblichkeits-Emblem

sich das Emblem für Männlich in vergrößerter Form unter eine Pyramide zu legen und das Symbol mit deren Kräften und Energien aufzuladen. Nach zwanzig Minuten holen Sie das Männerzeichen hervor und stellen oder hängen es an einen Ort, an dem Sie sich häufig aufhalten, so dass Sie sich mit den starken und positiven Frequenzen, die es ausstrahlt, füllen können. Die Energie des Symbols geht auf Sie über, Sie werden sich in Ihrer Männerrolle stärker und sicherer fühlen und allmählich zu innerer Harmonie finden.

Das gleiche Verfahren können Frauen mit dem entsprechenden Frauen-Emblem ausprobieren.

Das Ankh-Kreuz

Ebenfalls aus Alt-Ägypten stammt das Ankh-Kreuz, das auf Wandreliefs in den Pyramiden häufig zu sehen ist und dort auch den verschiedenen Gottheiten beigegeben ist.

Die geläufigen Deutungen des Ankh-Kreuzes sagen, dass es die Attribute zukünftigen Lebens, Frieden, Glück und Zufriedenheit symbolisiere, außerdem in dem runden oberen Teil das Weibliche, im gestreckten unteren das Männliche und in dem beide Bereiche verbindenden Querbalken die Vereinigung der Geschlechter darstelle. Zudem entspreche der obere Teil dem unterägyptischen Nildelta, der gerade untere Teil dem oberägyptischen Nil, und der verbindende Teil bedeute die Vereinigung beider Reiche.

Erstaunlicherweise lässt sich in Räumen mit starker Ankh-Symbolik eine für die menschliche Grundvitalität optimale feinstoffliche Strahlung und eine Minuspolarisierung der Ionen in der Luft feststellen. Die energetische Optimalsituation entspricht einer Ionisierung von vier Minusteilen gegenüber einem Plusteil. Diese gesunde Minuspolarisierung finden Sie übrigens auch im See- oder Hochgebirgsklima. Das Pendel reagiert deutlich auf die starke Energieschwingung des Kreuzes. Sie können sogar die jeweilige Polarität über dem oberen und unteren Ende erpendeln.

Abb. 31: Das Ankh-Kreuz

Der für uns interessante Aspekt des Ankh-Kreuzes liegt darin, dass man einen Raum, in dem sich ein solches Kreuz befindet, innerhalb kurzer Zeit in dieselbe energetische Situation bringen kann. Bringen Sie es von einer Ägyptenreise mit, und hängen Sie es bei sich auf. Sie werden in einem bekömmlicheren Energiefeld leben. Mit Hilfe der folgenden Abbildung können Sie ersatzweise auch Kopien des Ankh-Kreuzes benutzen, in diesem Fall hängen Sie sich mehrere Kreuze an die Wand. Die besondere Form, nicht das Material, sorgt für eine rasche Minuspolarisierung Ihres Raumklimas.

Das Ur-Kreuz

Das ursprüngliche Kreuz war bis zum 9. Jahrhundert immer ein Pluszeichen. Dieses Kreuz – in der früheren gleichschenkligen Form – wirkt energetisch aufbauend und zugleich schützend auf das gesamte Energiesystem. Als normaler Anhänger an einer Kette getragen, aktiviert es die Thymusdrüse. Der/die Träger/in bleibt somit fit, kann

Ur-Kreuz nummeriert aus 22 Carat Gold, 920 Teile Gold und 80 Teile Kupfer, mit einem Amethyst. Anfragen an: D-82031 Grünwald, Tel: 089 641 1110, Fax: 641 4010.

nicht unterdrückt werden und hat dadurch die Möglichkeit, leichter zur geistigen Wahrheit und Klarheit zu gelangen. Außerdem wird der Alterungsprozess verlangsamt.

In den Geheimlehren und Erkenntnissen des Grafen St. Germain, dem großen Alchemisten und Mystiker, ist dieses Ur-Kreuz erwähnt. Es wird empfohlen, einen Amethyst in der Mitte des Kreuzes anzubringen. Es steht dadurch für die Manifestation der Gedanken, für die Reinigung des Gemüts und für die Öffnung zur positiven Mystik. Als Schutzamulett ist dieses Kreuz besonders gut geeignet für Kinder.

Im Folgenden finden Sie zunächst eine Reihe von fertigen Pendelkarten, die Ihnen lediglich als Vorschlag dienen sollen. Ausgehend von diesen Entwürfen können Sie Ihre individuellen Karten zu den unterschiedlichen Themen entwerfen, wobei Sie ergänzende Aspekte natürlich beliebig hinzufügen können.

Die freien Karten dienen als Schablone, die Sie kopieren können, um dort persönliche Punkte einzutragen.

Ich wünsche Ihnen beim Pendeln viel Erfolg und bereichernde Erfahrungen, die Ihr Leben harmonisierend beeinflussen mögen.

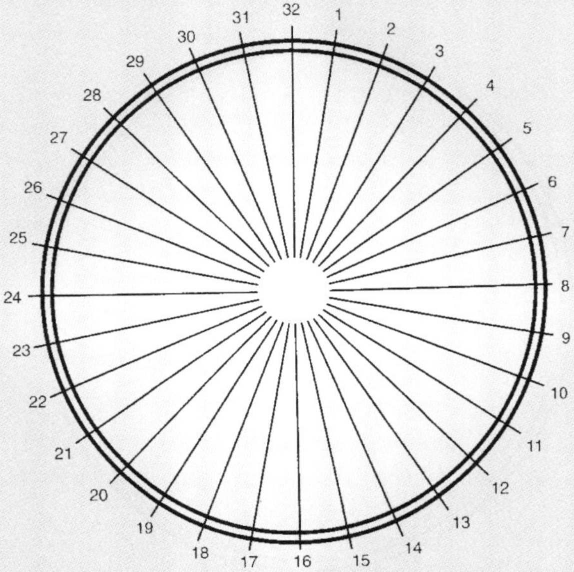

Abb. 32: Mögliche Ursachen von Erkrankungen

1 falsche Ernährung
2 geopath. Störzonen (Erdverwerfung, Gitternetz)
3 Wasserader
4 elektromagnetische Belastung
5 Radioaktivität
6 Zähne
7 Narben
8 chron. Infekt
9 Nikotin
10 sonstige Herde
11 körperliche Überlastung
12 geistige Überlastung
13 emotionale Überlastung
14 disharmonische Gedanken
15 disharmonische Beziehung
16 disharmonischer Ort
17 Karma
18 Chakrablockade
19 Meridianblockade
20 zu wenig vitale Nahrung
21 zu viele Leichenteile in der Nahrung
22 zu wenig Flüssigkeitszufuhr
23 zu wenig körperliche Bewegung
24 zu wenig Ruhe
25 zu wenig geistige Tätigkeit
26 mangelnde Spiritualität
27 Besetzung
28 Drogen
29 Alkohol
30 Medikamentenmissbrauch
31 mangelnde überpersönliche Liebe
32 fehlende Liebe

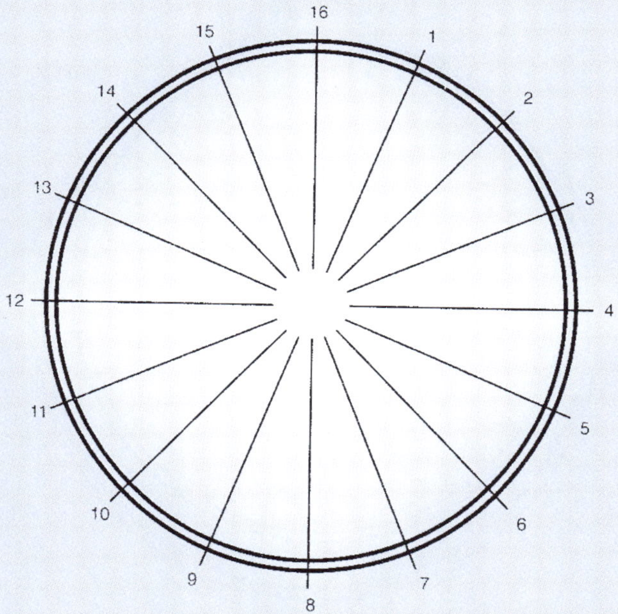

Abb. 33: Pendelkarte zu den Drüsen

1 Hirnanhangdrüse
2 Zirbeldrüse
3 Speicheldrüse
4 Schilddrüse
5 Nebenschilddrüse
6 Thymusdrüse
7 Magen
8 Leber/Galle
9 Bauchspeicheldrüse
10 Nebennieren
11 Darm (inkretonisch)
12 Darm (exkretonisch)
13 Lungen
14 Keimdrüsen
15 Gebärmutter
16 Prostata

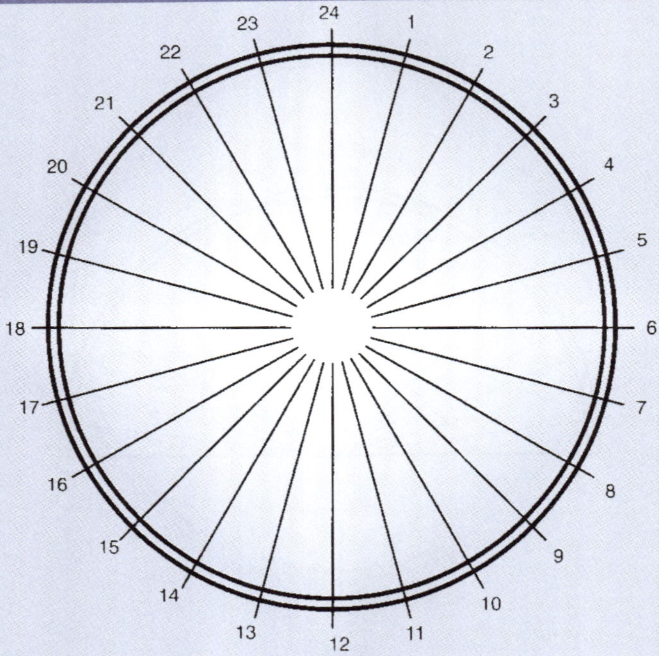

Abb. 34: Pendelkarte zu den inneren Organen

1 Gehirn
2 Innenohr
3 Tonsillen
4 Rückenmark
5 Wirbelsäule
6 Kehlkopf
7 Lunge
8 Herz
9 Magen
10 Leber
11 Gallenblase
12 Bauchspeicheldrüse
13 Milz
14 Lymphe
15 Arterien
16 Venen
17 Dünndarm
18 Dickdarm
19 Zwölffingerdarm
20 Niere
21 Blase
22 Sexualorgane
23 Blinddarm

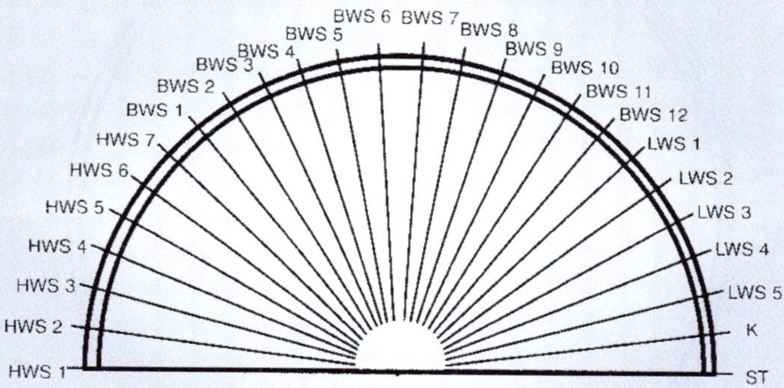

Abb. 35: Pendelkarte zur Wirbelsäule

HWS 1–7	Halswirbel	K	Kreuzbein
BWS 1–12	Brustwirbel	St	Steißbein
LWS 1–5	Lendenwirbel		

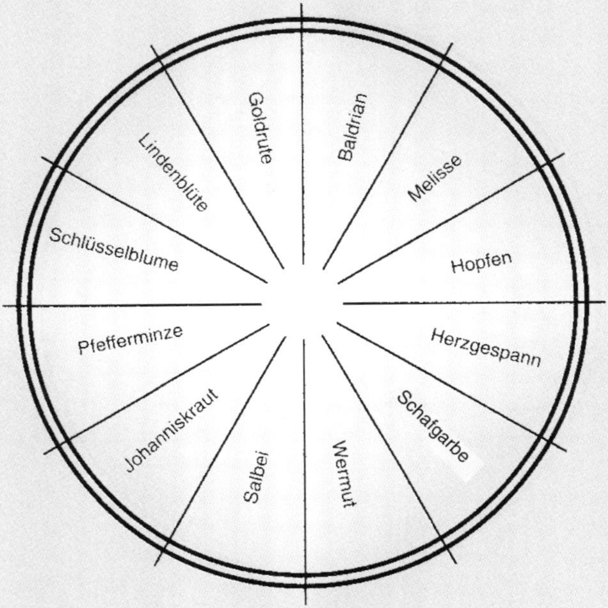

Abb. 36: Welcher Tee bei Schlaflosigkeit?

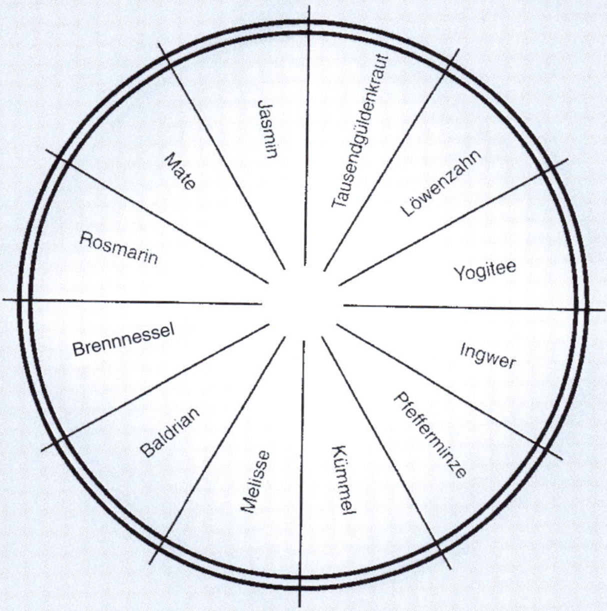

Abb. 37: Welcher Tee bei Kopfschmerzen

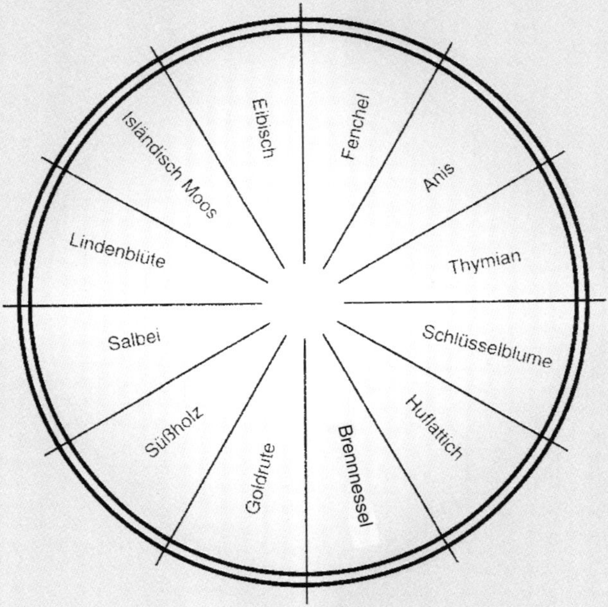

Abb. 38: Welcher Tee bei Erkältung?

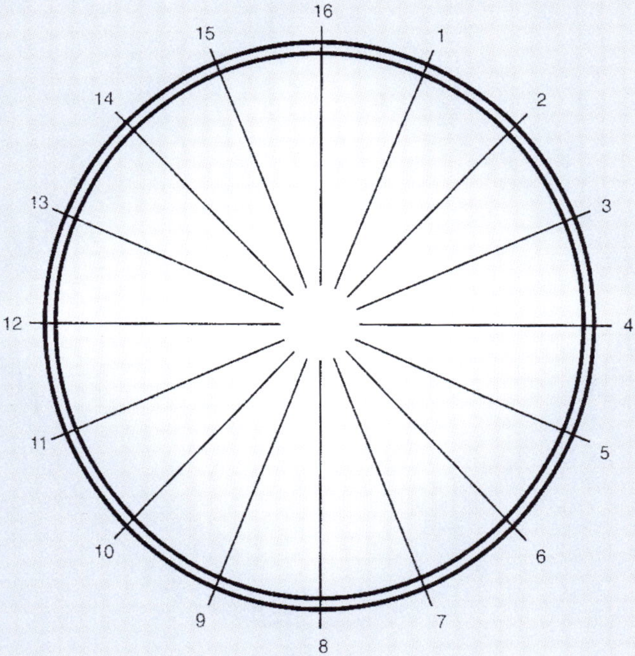

Abb. 39: Was fehlt mir in der Nahrung?

1 Vitamine
2 Enzyme
3 Mineralien und Spurenelemente
4 pflanzliches Eiweiß
5 Kohlenhydrate
6 frische Lebensmittel
7 Ballaststoffe
8 pflanzliche Öle
9 Pflanzengrün
10 Wasser
11 Salz
12 Gewürze
13 Basische Nahrung
14 Fruchtsäuren
15 Ghee
16 Butter

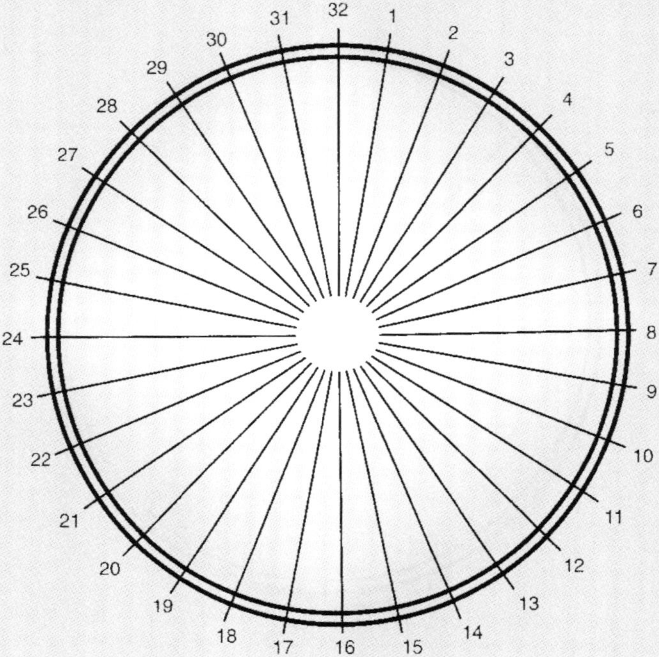

Abb. 40: Welche hochwertige Nahrung brauche ich?

1 Ananas
2 Papaya
3 Mango
4 Kartoffeln
5 Reis
6 Hülsenfrüchte
7 Kohl/Kraut
8 Sauerkraut
9 Ingwer
10 Knoblauch
11 Zwiebel
12 Apfel
13 Banane
14 Steinobst
15 Wassermelone
16 Trauben
17 Gurke
18 Sellerie
19 Rote Rüben
20 Avocado
21 Zitrusfrüchte
22 Grüner Salat
23 Getreidekeime
24 Sojaprodukte
25 Mandeln
26 Haselnüsse
27 Walnüsse
28 Esskastanien
29 echter Honig
30 Milch/Käse
31 Ghee
32 frisches Wasser

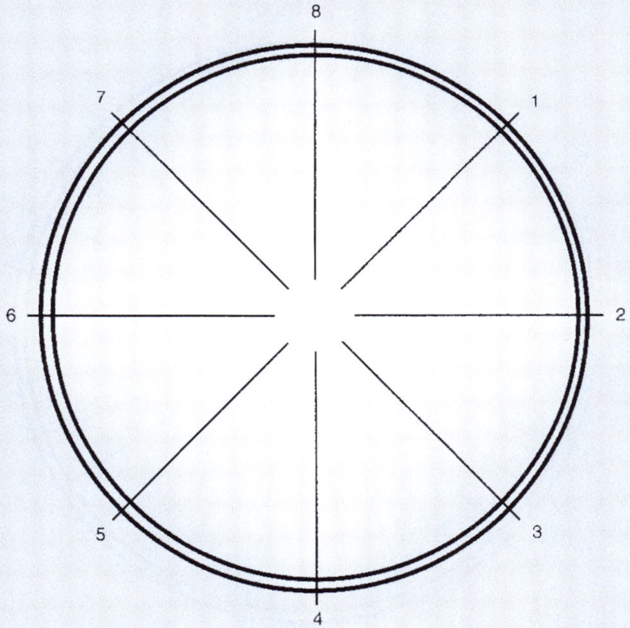

Abb. 41: Wie verbessere ich energetisch die Nahrung?

1 Gebet
2 eigene gute Gedanken
3 Pyramidenenergie
4 Aufladen mit Farb-Energie-Set
5 Segnen
6 Aufladen mit Edelsteinen
7 Danken
8 Ausschließen von elektromagnetischer Strahlung

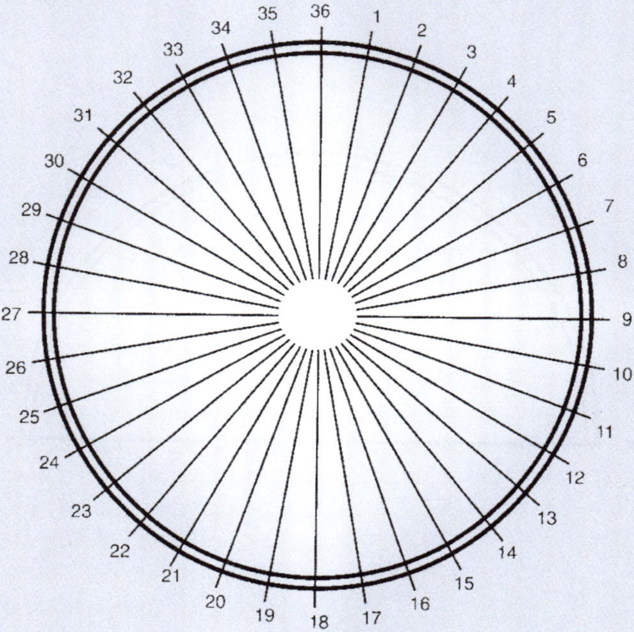

Abb. 42: Aroma-Öle

1 Basilikum
2 Bergamotte
3 Cajeput
4 Kamille
5 Kardamon
6 Eisenkraut
7 Eukalyptus
8 Fichte
9 Geranium
10 Honeysuckle
11 Jasmin
12 Kümmel
13 Lavendel
14 Lemongras
15 Melisse
16 Minze
17 Myrthe
18 Neroli
19 Orange
20 Oregano
21 Patchouli
22 Pfeffer
23 Pfefferminze
24 Pinie
25 Rose
26 Salbei
27 Sandelholz
28 Sassafras
29 Wacholder
30 Weihrauch
31 Ylang-Ylang
32 Zedernholz
33 Zimt
34 Zirbelkiefer
35 Zitrone
36 Zypresse

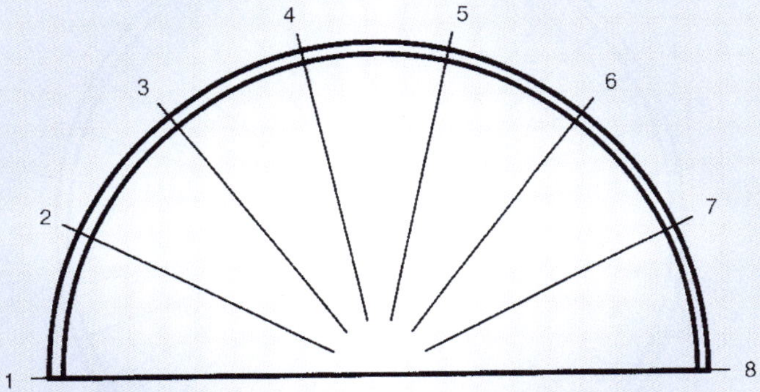

Abb. 43: Welche Meditation ist gut für mich?

1 Edelstein-Meditation
2 Runen-Meditation
3 Mandala/Symbol-Meditation
4 Meridian-Meditation
5 Chakra-Meditation
6 Farb-Meditation
7 Licht-Meditation
8 Licht- und Ton-Mediation

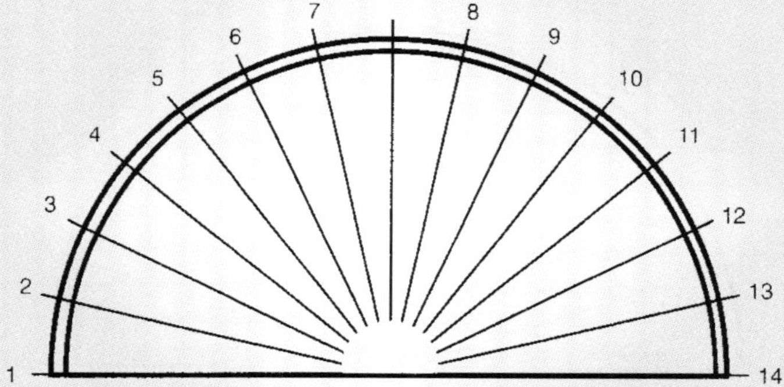

Abb. 44: Meridiane

1 Herz
2 Dünndarm
3 Blase
4 Niere
5 Kreislauf/Sexus
6 Drei Erwärmer
7 Gallenblase
8 Leber
9 Lunge
10 Dickdarm
11 Magen
12 Milz-Pancreas
13 Konzeptions-Meridian
14 Gouverneurs-Meridian

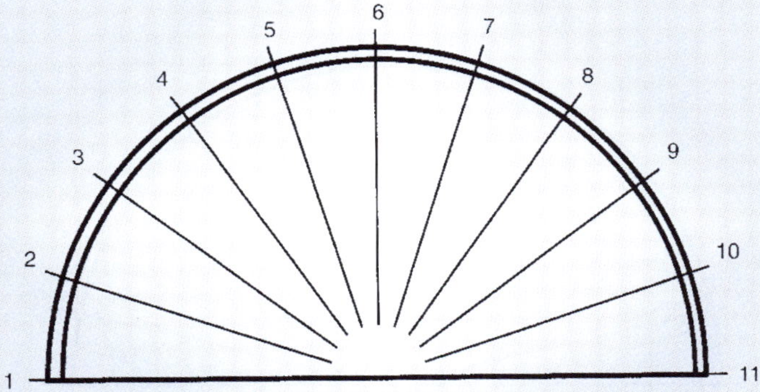

Abb. 45: Die sechs Hauptchakren und andere Energiezentren

1 Basis/Wurzelchakra
2 Sexualchakra
3 Nabelchakra/Solarplexus
4 Herzchakra
5 Halschakra
6 Stirnchakra
7 Scheitelzentrum
8 Thymuszentrum
9 Milz
10 Hara
11 Hände

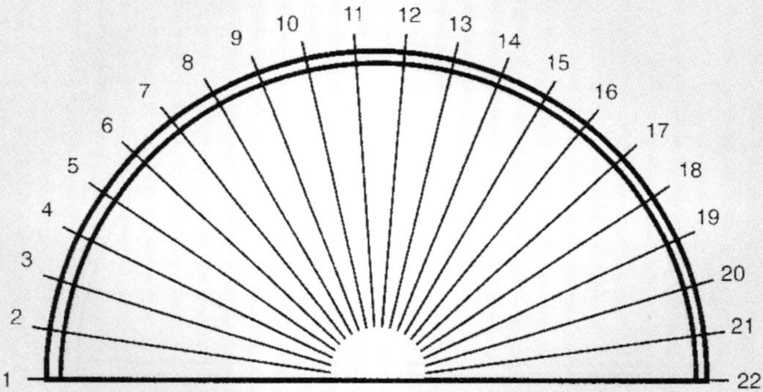

Abb. 46: Möglichkeiten zur Harmonisierung von Beziehungen

1 Treue
2 den anderen respektieren
3 diskutieren lernen
4 trennen
5 loslassen, nicht klammern
6 zusammen leben
7 gemeinsamer Urlaub
8 getrennter Urlaub
9 lieben und geben lernen
10 Energiemassage
11 Paartherapie
12 Farbtherapie
13 Heilblüten-Farbkarten-Test
14 selbstbewusst sein
15 weniger Sex
16 mehr Erotik
17 mehr Streicheleinheiten
18 umwerben
19 mehr Zeit füreinander
20 Gemeinsames unternehmen
21 abgrenzen
22 meditieren

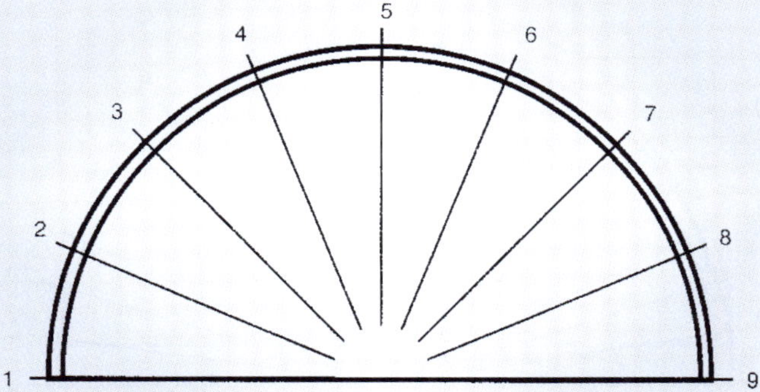

Abb. 47: Hintergründe für finanzielle Schwierigkeiten

1 Geld als fließende Energie anerkennen
2 Luxuskaufzwang verringern
3 mehr Verantwortung übernehmen
4 Verantwortung abgeben
5 offen sein für neue Möglichkeiten und Impulse
6 verzeihen lernen
7 die Mitmenschen lieben
8 mehr Fleiß
9 ein Zehntel für Bedürftige abgeben

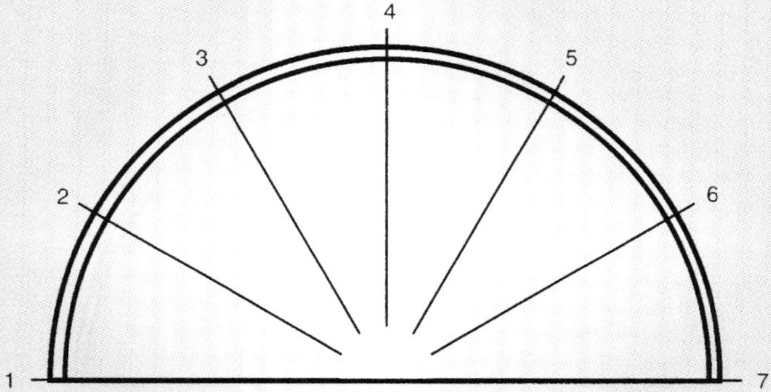

Abb. 48: Berufserfolg

1 fleißiger sein
2 Beruf wechseln
3 fortbilden
4 Arbeitsstelle wechseln
5 Einstellung zur Arbeit ändern
6 Sinn der Arbeit annehmen
7 Nebentätigkeit

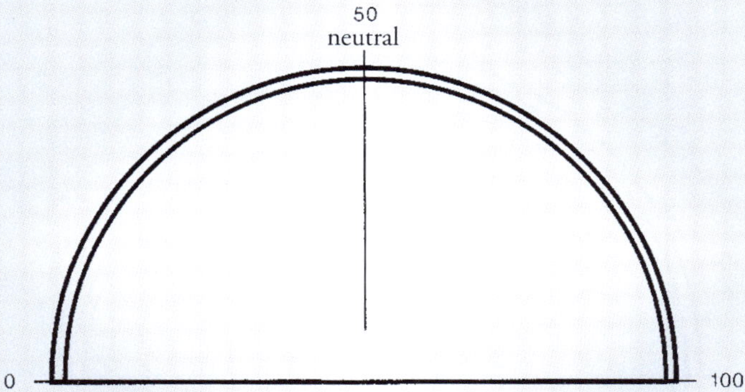

Abb. 49: Sympathie-Kreis

0 = Keine Sympathie
50 = neutral
100 = volle Sympathie

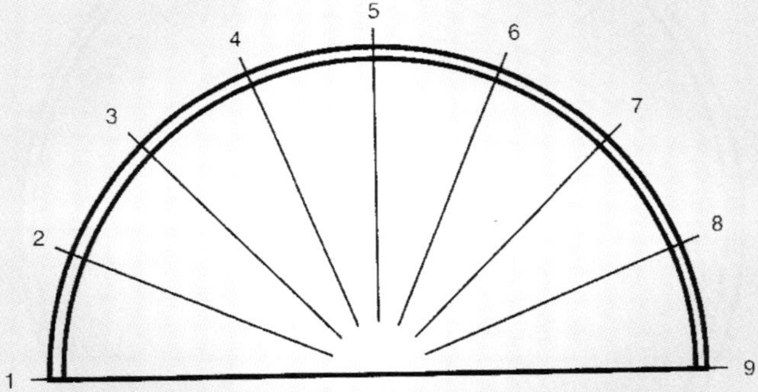

Abb. 50: Deutung unserer Träume

1 Selbsterkenntnis
2 Verarbeiten von Erkenntnissen
3 Vorbereitung auf Erfahrungen
4 zukünftige Ereignisse
5 vergangene Ereignisse
6 Ängste
7 falsche Nahrung/Drogen
8 mentaler Kontakt
9 höhere Führung

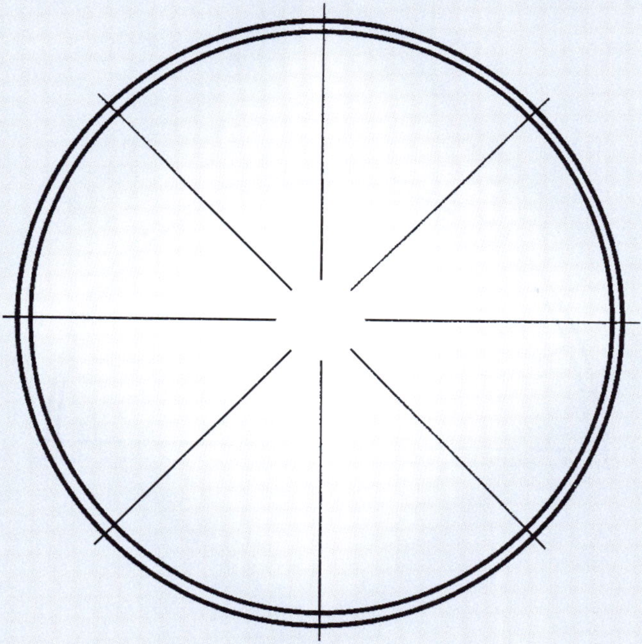

Abb. 51: Eigener Pendelkreis

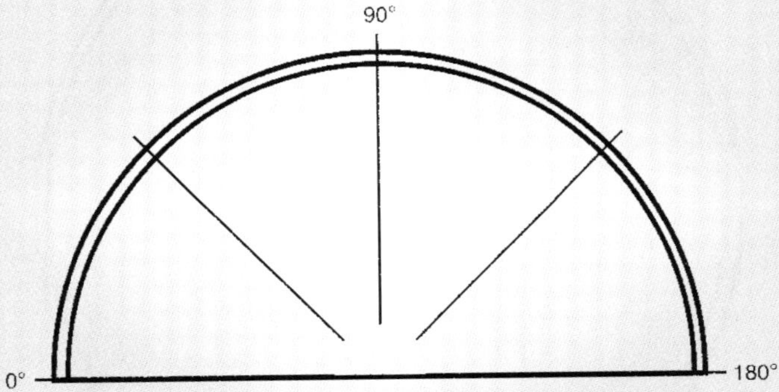

Abb. 52: Eigene Pendelskala

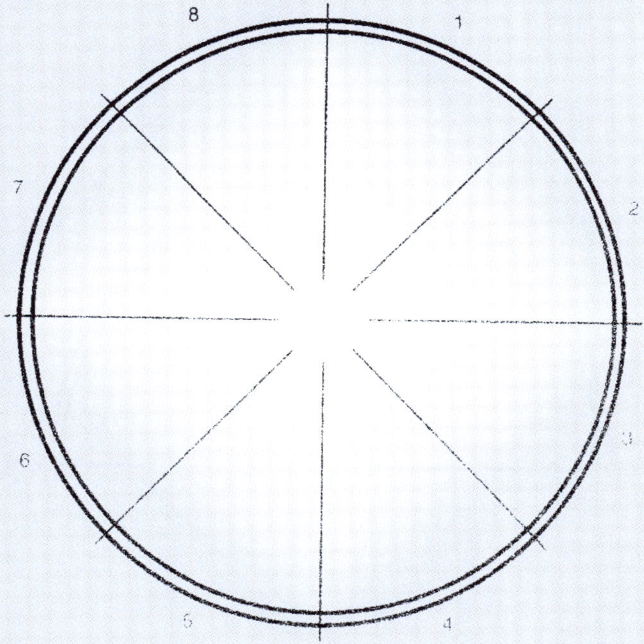

Abb. 53: Welche Unterstützung hilft bei dunklen Kräften?

1 Ur-Kreuz
2 Psalm 91
3 Psalm 142,5
4 Psalm 58
5 Psalm 48
6 Vaterunser
7 Licht- und Ton-Meditation
8 Ankh-Kreuz

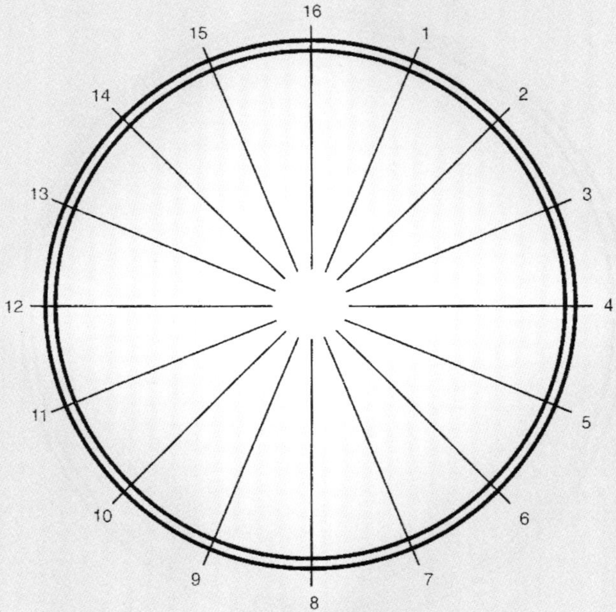

Abb. 54: Welche Umweltgifte schwächen mich derzeit?

1 Blei
2 Flour
3 Aluminium
4 Röntgenstrahlen
5 Quecksilber
6 Radioaktivität
7 Cadmium
8 Dioxin
9 Radon
10 Nickel
11 Formaldehyd
12 Tabakrauch
13 Elektrosmog
14 Mobilfunkwellen
15 Lindan
16 Asbest

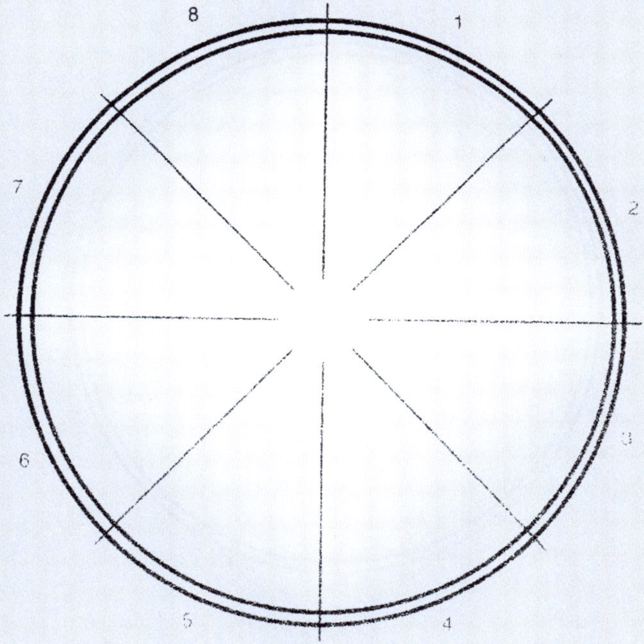

Abb. 55: Welcher Workshop hilft mir derzeit weiter?

1 Naturheilkunde für Frauen
2 Naturheilkunde für Männer
3 Woher kommt der Schmerz?
4 Welches Lebenssalz brauche ich?
5 Die richtige Schwingung heilt
6 Homöopathische Notfall- und Reiseapotheke
7 Bachblüten
8 Welche Farbe fehlt mir?

Meditationen mit dem inneren Licht und Ton:

Deutschland: Helga Kammerl, Jägerberg 21, D-82335 Berg/Oberbayern; Tel. (08151) 50449, Fax 51038 und Meditationszentrum: Tel.0049-89-5421 2065

Österreich: Herbert Wasenegger, Mautner Markhofgasse 13-15/V/3, A-1110 Wien, Tel. & Fax (01) 7491871 und Meditationszentrum: Praterstr. 40, A 1020 Wien, Tel. 0043-1-218 9980

Schweiz: Angela Seiler, Tödistraße 20, CH-8002 Zürich, Tel. (01) 202 23 72, Fax 2022302

USA: Science of Spirituality Center, 4S175 Naperville Road, Naperville, Ill. 60563; Tel. 001(630) 955-1200

Anhang

Farbkarten

Das Farb-Energie-Set zum 12-Farben-Test ist zu beziehen über die Internationale Akademie für Natürliche Komplementär-Medizin in D-82031 Grünwald, Südl. Münchner Str. 21 Tel. (089) 641 11 10, Fax 614 40 10, oder über die Buichhandlung WRAGE, Schlüterstr. D 2086 Hamburg, Tel. 0049-40-413 2970, Fax 44 2469.

Das Bachblüten-Farbkarten-Set in zwei Sätzen und mit einer ausführlichen Anleitung ist erschienen bei der Urania Verlags AG in CH-8212 Neuhausen am Rheinfall, Bahnhofstraße 21, und in jeder guten Buchhandlung erhältlich.

Literaturhinweise

Josef Angerer u.a.: »Mensch, Wünschelrute, Krankheit – Umwelt-Strahlungen. Wie sie auf uns wirken«, M&T Verlag, St. Gallen/Zürich 1985.

Bernhard Hoffmann: »Pendeln, Ruten und Meditation«, Hausham 1992.

Otto Höpfner: »Einhandrute und Pyramidenenergie«, Verlag Die Silberschnur, Neuwied, 2. Aufl. 1992.

Dr. med. Georg Jakob: »Das medizinische Pendelbuch«, Turm Verlag, Bietigheim 1973.

Heinrich Jürgens: »Die Wünschelrute und ihr Gebrauch«, Verlag Hermann Bauer, Freiburg, 10. Aufl. 1994.

D. Juriaanse: »Das praktische Pendelbuch«, Hugendubel-Verlag, München, 8. Aufl. 1994.

Ingrid Kraaz von Rohr: »Die richtige Schwingung heilt«, Goldmann Verlag, München, 5. Aufl. 1990.

Ingrid Kraaz von Rohr: »Der weibliche Leitfaden – natürliche Heilkunde und Selbstwert in den besten Jahren«, Droemer Knaur Verlag, München 2002.

Ingrid Kraaz von Rohr: »Die Farben deiner Seele«, Goldmann Verlag, München 1991.

»Bachblüten – Farbkarten« praktischer Test zum Auffinden der richtigen Bachblüte mit Farbtest, AGMüller, Neuhausen.

Ingrid Kraaz von Rohr: »Heilende Farben«, Genaue Zeichnungen zu den diversen Punkten zur Farbbehandlung bei verschiedenen Beschwerden A-Z, AGMüller, Neuhausen, 1995.

Ingrid Kraaz von Rohr: »Die Kräuterkarten«, AGMüller, Neuhausen, 1995.
Walter Lübeck: »Das Pendel Handbuch«, Windpferd Verlag, Aitrang, 2. Aufl. 1992.
Johanna Paungger, Thomas Poppe: »Vom richtigen Zeitpunkt. Die Anwendung des Mondkalenders im täglichen Leben«, Hugendubel-Verlag, München, 8. Aufl. 1993.
Katrina Raphaell: »Wissende Kristalle für unsere spirituelle Entwicklung, zur Heilung und zur Harmonisierung des Alltags«, Ansata-Verlag, Interlaken 1986.
W. Roselius, Willi Weckner: »Wer pendelt weiß mehr«, Karl Rohm Verlag, Bietigheim 1966.
Shaila Sharamon, Bodo J. Baginski: »Edelsteine und Sternzeichen«, Windpferd Verlag, Aitrang, 10. Aufl. 1992.
Mellie Uyldert: »Verborgene Kräfte der Metalle«, Hugendubel-Verlag, München, 2. Aufl. 1992.

Über die Autorin

Ingrid Kraaz von Rohr, ND, ist Heilpraktikerin und Homöopathin. Ihre Schwerpunkte sind Farbtherapie, Ursachenforschung bei Umweltkrankheiten und Allergien, psychologische Beratung und Betreuung zum Auflösen von emotionalen Blockaden, Anwendung von Bachblüten sowie die sinnvolle Kombination natürlicher Heilverfahren.

Ingrid Kraaz von Rohr war über drei Jahre lang Fortbildungsbeauftragte des Fachverbandes der Deutschen Heilpraktiker in ihrem Verbandsbezirk. In den USA erwarb sie den Titel ND (Doctor of Naturopathy). Sie gründete die Internationale Akademie für Natürliche Komplementär-Medizin, die verschiedene Methoden der Naturheilkunde zusammenführt. Sie führt diese Akademie als Studiendirektorin, besitzt und führt eine eigene Praxis über 20 Jahre und hält regelmäßig Fortbildungskurse für Laien und Behandler(innen) ab. Sie ist als Autorin mehrerer Standardwerke über Naturheilkunde und Natürliche Komplementär-Medizin hervorgetreten. Sie entwickelte den bekannten »Heilblüten-Farbkartentest« und den ersten »12-Farbentest«. Für Unternehmen hält sie Workshops, insbesondere zum Erkennen der emotionalen Blockaden zur Weiterentwicklung, wobei der Mensch stets im Vordergrund steht. In den Mittelpunkt ihrer Arbeit stellt Frau Ingrid Kraaz von Rohr die Selbsterkenntnis und die Zusammenhänge emotionaler, geistiger und spiritueller Hintergründe in Verbindung zur Erfahrungsheilkunde.

Weitere Werke der Autorin im Urania Verlag

Heilkräuterkarten, 78 Karten mit Anleitung, Urania Verlag AGMüller, CH-Neuhausen, 1995, ISBN 3-905017-68-7.

Heilende Farben, 78 Karten mit Anleitung, Urania Verlag AGMüller, CH-Neuhausen, 1995, ISBN 3-905017-67-9.

Pendel-Sortiment im Urania Verlag

1. Tropfen-Kristall
17 g
Art. 50.100

2. Facetten-Kristall
8 g
Art. 50.101

3. Tropfen-Gold
30 g (vergoldet)
Art. 50.103

4. Tropfen-Chrom
30 g (verchromt)
Art. 50.104

5. Tropfen-Kupfer
38 g
Art. 50.102

6. Tropfen-Holz
15 g (Ebenholz)
Art. 50.105

7. Spirale-
Kupfer/Holz
12 g
Art. 50.107

8. Ägyptisch-Sandstein
25 g
Art. 50.106

9. Schraubenpendel
groß
55 g (verchromt)
Art. 50.109

10. Schraubenpendel
klein
20 g (vergoldet)
Art. 50.108